これからの現場で役立つ
# 臨床心理検査

津川律子・黒田美保
［編著］

解説編

金子書房

# は じ め に

　ずっと心理検査を臨床実践してきた私には，長年，温めてきた企画があり，それは臨床心理検査のまとまった本を出版することであった。企画書はだいぶ以前にできていたが，私の主な臨床領域が精神科で，成人を中心に臨床実践を行ってきたため，子どもに強い協働編集者がどうしても必要で，考えているうちに歳月が経っていた。

　思いきって，黒田美保先生に私からご連絡したのが 2021 年 5 月で，翌月には出版社の方と黒田先生と私でオンライン編集会議ができた。専門家たちに執筆依頼をしてから今日まで，怒濤の日々という感覚である。

　本書は，【解説編】と【事例編】の 2 冊から成っている。

　【解説編】では，第 1 部（1 章〜 8 章）で，WISC-V や MMPI-3 など最新の心理検査も含めて，代表的な臨床心理検査について解説した。第 2 部（9 章〜 13 章）では，心理士が働いている代表的な 5 つの分野（矯正，産業・労働，福祉，教育，医療）で実際に臨床心理検査がどう活用されているのかに関して解説し，補章を加えた。

　【事例編】では，第 1 部（1 章〜 8 章）で，ひとの発達過程を意識して，臨床心理検査がどのように実施され，検査結果がどのように心理支援に活かされているかに関して紹介した。第 2 部では，これまでの教科書ではあまりふれられなかった，実際の実施場面での工夫や留意点などについて紹介した。

　本書は，ぜひ臨床現場で心理検査を実施している心理士に読んでほしい。普段，自分で検査を実施することが少ない心理士にはなおのこと読んでほしい。また，心理士を目指している大学生や大学院生，関係する専門職の方々にも読んでいただきたい。

　編者のリクエストに応えて執筆してくださった執筆者の方々，ともに刊行までの日々を過ごしてきた黒田美保先生と金子書房の編集者である天満綾氏に，こころから感謝を申し上げたい。

2023 年 2 月　　　　　　　　　　　　　　　　　　　　　津川律子

# 目　次

## 第1部　代表的な臨床心理検査 ················································· *1*

### 1章　パーソナリティ検査　　　　　　　　　　　吉村　聡···· *2*

### 2章　知能検査　　　　　　　　　　津川律子・大六一志···· *16*

### 3章　発達検査　　　　　　　　　　　　　　　　清水里美···· *32*

### 4章　発達障害関連の検査　　　　　　　　　　　稲田尚子···· *41*

　本書【解説編】【事例編】に頻出する臨床心理検査を以下に挙げて概要を示す。また，各章の本文中でも，一部の基本的な検査（例：WISC，WAIS，SCT 等）を除いて，脚注を設けて補足している。巻末の「臨床心理検査索引」とあわせて適宜ご参照いただきたい。

※専門家が用いる臨床心理検査の購入・実施にあたっては，一定の資格や要件を満たすことが求められる場合が多いため，事前に公式案内等にて確認することをお勧めしたい。また，関連学協会が定めている倫理綱領等の遵守が必要である。⇒【解説編】の補章「臨床心理検査にまつわる法令と倫理」

## パーソナリティ検査

### ●ロールシャッハ法／ロールシャッハ・テスト

　1921 年にロールシャッハ（Rorschach, H.）によって発表された投映法検査。オリジナル図版を指定の方法で提示し，教示に従って答えてもらう。国際的には包括システム（CS），R-PAS のほか，日本では片口法，名大法，阪大法，馬場法などがある。⇒【解説編】p.6

### ●新版 TEG®3（Tokyo University Egogram-New Ver.3: テグスリー）

　東京大学医学部心療内科 TEG 研究会（編）／金子書房，2019 年：交流分析理論に基づく質問紙検査。5 つの自我状態のバランスからパーソナリティの理解を試みる。⇒【解説編】p.7

### ●SCT（Sentence Completion Test: エスシーティー／文章完成法）

　短い刺激文に続く文章を書き足してもらう検査。日本で最も使用されているものとして，『精研式文章完成法テスト SCT®』（佐野勝男・槇田 仁［著］／金子書房，1972）がある。⇒【解説編】p.7

### ●風景構成法（Landscape Montage Technique: LMT）

　中井久夫（1934-2022）によって 1969 年に考案された。心理療法（芸術療法）として用いられるだけでなく，アセスメント技法としても広く日本で普及している。枠付け法が用いられており，対象者は教示にしたがって描画を進め，最後は彩色を行って終了する。⇒【解説編】p.8

## 知能検査

● **WISC-Ⅳ/WISC-Ⅴ**（Wechsler Intelligence Scale for Children - Fourth Edition/Fifth Edition: ウィスク・フォー／ウィスク・ファイブ）
Wechsler, D.（原著）／日本版 WISC-Ⅳ刊行委員会（日本版作成）／日本文化科学社，2010年：ウェクスラー児童用知能検査。2022年に最新版の WISC-Ⅴ が刊行された。⇒【解説編】p.17

● **WAIS-Ⅳ**（Wechsler Adult Intelligence Scale - Fourth Edition: ウェイス・フォー）
Wechsler, D.（原著）／日本版 WAIS-Ⅳ刊行委員会（日本版作成）／日本文化科学社，2018年：ウェクスラー成人知能検査 WAIS の最新版。⇒【解説編】p.22

● **WPPSI-Ⅲ**（Wechsler Preschool and Primary Scale of Intelligence - Third Edition: ウィプシ・スリー）
Wechsler, D.（原著）／日本版 WPPSI-Ⅲ刊行委員会（日本版作成）／日本文化科学社，2017年：ウェクスラー幼児用知能検査 WPPSI の最新版。⇒【解説編】p.23

● **KABC-Ⅱ**（Kaufman Assessment Battery for Children Second Edition: ケーエービーシー・ツー）
Kaufman, A. S. & Kaufman, N. L.（原著）／日本版 KABC-Ⅱ制作委員会（日本版制作）／丸善出版，2013年：カウフマンらにより1983年に作成されたK-ABC の改訂版。⇒【解説編】p.25

## 発達検査

● **新版K式発達検査®2020**（Kyoto Scale of Psychological Development 2020）
新版K式発達検査研究会（編）／社会福祉法人 京都国際社会福祉協力会 京都国際社会福祉センター発達研究所，2020年：日本で開発・標準化された個別直接観察検査，新版K式発達検査の最新版。⇒【解説編】p.35

## 発達障害関連の検査

● **M-CHAT**（Modified Checklist for Autism in Toddlers: エムチャット／乳幼児期自閉症 チェックリスト修正版）
Robins, D. L., Fein, D., Barton, M. L., & Green, J. A.（原著）／神尾陽子（訳）／国立精神・神経センター精神保健研究所，2006年：16〜30カ月の幼児を対

象とした自閉スペクトラム症のスクリーニング検査。保護者による質問紙記入と電話面接の2段階からなる。⇒【解説編】p.45

●**AQ**（Autism-Spectrum Quotient: エーキュー／AQ日本語版 自閉症スペクトラム指数）

Baron-Cohen, S. & Wheelwright, S.（原著）／若林明雄（日本語版構成）／三京房，2016年：自閉症の主兆候や認知特性を評価する質問紙。成人用と児童用がある。⇒【解説編】p.46

●**PARS®-TR**（Parent-interview ASD Rating Scale-Text Revision: パース・ティーアール／親面接式自閉スペクトラム症評定尺度テキスト改訂版）

一般社団法人 発達障害支援のための評価研究会（編著）／金子書房，2013/2018年：幼児から成人までを対象とした保護者面接尺度。自閉スペクトラム症の特性と支援ニーズを評価する。⇒【解説編】p.46

●**ADI-R**（Autism Diagnostic Interview-Revised: エーディーアイアール／自閉症診断面接改訂版）

Le Couteur, A., Lord, C., & Rutter, M.（原著）／ADI-R日本語版研究会（監訳），土屋賢治・黒田美保・稲田尚子（マニュアル監修）／金子書房，2013年：精神年齢2歳以上を対象とした保護者半構造化面接。93項目からなる質問により，発達歴や日常生活全般の様子についての詳細な情報が得られる。⇒【解説編】p.48

●**ADOS-2**（Autism Diagnostic Observation Schedule Second Edition: エイドス・ツー／自閉症診断観察検査第2版）

Lord, S., Rutter, M., DiLavore, P. C., Risi, S., Gotham, K., & Bishop, S. L.（原著）／黒田美保・稲田尚子（監修・監訳）／金子書房，2015年：検査用具や質問項目を用いて，対人コミュニケーション行動を最大限に引き出すように設定された半構造化面接を行い，検査中の行動を直接観察する。⇒【解説編】p.49

●**CARS2**（Childhood Autism Rating Scale Second Edition: カーズ・ツー／小児自閉症評定尺度第2版）

Rutter, M., Bailey, A., Berument, S. K., Lord, C., & Pickles, A.（原著）／内山登紀夫・黒田美保・稲田尚子（監修・監訳）／金子書房，2020年：行動観察と保護者用質問紙の回答を総合して，自閉症の重症度を評価する。第2版からは，旧来の標準版に高機能版が加わった。⇒【解説編】p.50

●**ADHD-RS-Ⅳ**（ADHD-Rating Scale-Ⅳ：エーディーエイチディー・アールエス・フォー／ADHD評価スケール）

DuPaul, G. J., Power, T. J., Anastopoulos, A. D., & Reid, R.（原著）／市川宏伸・田中康雄（監修），坂本 律（訳）／明石書店，2008年：5〜18歳を対象としたADHDの質問紙検査。家庭版と学校版からなる。⇒【解説編】p.51

●**Conners 3**（Conners 3rd Edition: コナーズ・スリー）
Conners, C. K.（原著）／田中康雄（訳・構成）／金子書房，2011/2017 年：子どもの ADHD とその関連症状を評価する質問紙検査。DSM-5 に対応。⇒【解説編】p.52

●**CAARS**（Conners' Adult ADHD Rating Scales: カーズ／コナーズ成人 ADHD 評価スケール）
Conners, C. K., Erhardt, D., & Sparrow, E. ／中村和彦（監修），染木史緒・大西将史（監訳）／金子書房，2012 年：成人の ADHD 症状の重症度を把握する質問紙検査。⇒【解説編】p.52

●**CAADID**（Conners' Adult ADHD Diagnostic Interview for DSM-IV：カーディッド／コナーズ成人 ADHD 診断面接）
Epstein, J., Johnson, D. E., & Conners, C. K.（原著）／中村和彦（監修），染木史緒・大西将史（監訳）／金子書房，2012 年：成人の ADHD 関連症状を評価するための面接ツール。⇒【解説編】p.52

## 認知症関連の検査

●**MMSE-J**（Mini Mental State Examination-Japanese: エムエムエスイー・ジェイ）
Folstein, M. F., Folstein, S. E., McHugh, P. R., & Fanjiang, G.（原著）／杉下守弘（日本版作成）／日本文化科学社，2019 年：認知症のスクリーニング検査。18 ～ 85 歳の認知機能を簡便に測定できる。⇒【解説編】p.66

●**ADAS**（Alzheimer's Disease Assessment Scale: エイダス）
Rosen, W. G., Mohs, R. C., & Davis, K. L.（原著）／本間 昭・福沢一吉・塚田良雄・石井徹郎・長谷川和夫・Mohs, R. C.（日本語版作成）／1992 年：ADAS は，記憶を中心とする認知機能下位尺度と，精神症状を中心とする非認知機能下位尺度の2つで構成されるが，特に前者（認知機能下位尺度）が臨床現場でよく使用されてきた。日本では，ADAS-J cog. が挙げられる。⇒【解説編】p.70

●**TMT-J**（Trail Making Test 日本版：ティーエムティー・ジェイ）
Reitan, R. M.（原著）／一般社団法人日本高次脳機能障害学会（編），一般社団法人日本高次脳機能障害学会 Brain Function Test 委員会（著）／新興医学出版社，2019 年：注意機能と処理速度を簡便に評価できる検査。⇒【解説編】p.63

●**CANDy**（Conversational Assessment of Neurocognitive Dysfunction: キャンディ／日常会話式認知機能評価）
大庭 輝・佐藤眞一・数井裕光・新田慈子・梨谷竜也・神山晃男／こころみ（CAN-

Dy 事務局），2017 年：認知症の人に見られる 15 個の会話の特徴について，自由会話の中でその出現頻度を評価する検査。⇒【解説編】p.63

## 適応行動・不適応行動の検査

●**Vineland-Ⅱ**（Vineland Adaptive Behavior Scales, Second Edition：ヴァインランド・ツー／ヴァインランド適応行動尺度第 2 版）
Sparrow, S. S., Cicchetti, D. V., & Balla, D. A.（原著）／辻井正次・村上 隆（監修）／日本文化科学社，2014 年：日常生活における適応状態を評価する面接式検査。対象者をよく知る第三者が回答する。⇒【解説編】p.77, 79

●**S-M 社会生活能力検査第 3 版**
上野一彦・名越斉子・旭出学園教育研究所／日本文化科学社，2016 年：乳幼児から中学生までを対象とし，保護者または教師記入式で社会生活年齢（SA）と社会生活指数（SQ）が算出できる。⇒【解説編】p.78

## 精神症状を調べる検査

●**SDS**（Self-rating Depression Scale：エスディーエス／うつ性自己評価尺度）
Zung, W. W. K.（原著）／福田一彦・小林重雄（日本版作成）／三京房，1973 年：うつ症状を評価する 20 項目からなる自記式質問紙検査。⇒【解説編】p.88

●**STAI**（State-Trait Anxiety Inventory：スタイ／状態－特性不安検査）
Spielberger, C. D.（原著）／STAI-Form X は，水口公信・下仲順子・中里克治（日本版作成）／三京房，1991 年；STAI-Form JYZ（新版 STAI）は，肥田野直・福原眞知子・岩脇三良・曽我祥子・Spielberger, C. D.／実務教育出版，2000／2021 年：不安症状について，状態不安 20 項目と特性不安から 20 項目から評価する質問紙検査。⇒【解説編】p.90

## その他の検査

●**WHO QOL26**（WHO Quality of Life 26：キューオーエル）
世界保健機関・精神保健と薬物乱用予防部（編）／田崎美弥子・中根允文（監修）／金子書房，1997 年：WHO が開発した，生活の質（QOL）を測る 26 項目からなる自記式質問紙検査。⇒【解説編】p.98

# 代表的な臨床心理検査

心理検査の種類は多く，新しい心理検査が刊行され
たり，日進月歩で改訂があったりする。普段，自分
が使い慣れている心理検査には詳しくとも，あまり
使用頻度が高くない心理検査のことなど，最新の知
識が追いつかないこともあるだろう。そこで，代表
的な臨床心理検査について，あらためて整理した。
現場で役立つように，臨床での実際の使い方やフィー
ドバックの仕方なども含めて解説した。

# 1章
# パーソナリティ検査

吉村　聡

## Ⅰ．はじめに

　人には個性があり，一貫したその人らしさがある。パーソナリティと呼ばれるこの心理学的なまとまりを理解するにあたって，臨床心理検査は重要な貢献を果たしつづけている。

　臨床実践でパーソナリティ理解が求められるひとつの理由は，対象者の「個」を知る重要な一歩になるからである。パーソナリティ検査には，種々の心理学的特徴がどの程度一般傾向と一致しているのかを示すことで，個別性を浮かび上がらせるものがある。あるいは直接的に集団との一致度を検証するわけではなくとも，個別性やその人らしさを丹念に描写する検査もある。

　パーソナリティ理解のために開発された心理検査は，背景にもつ理論も検査技法も多様である。大別すると，パーソナリティ検査には質問紙法と投映法がある。臨床現場で頻繁に用いられる代表的な検査の概要が，**表 1-1** に示されている。

　質問紙法によるパーソナリティ検査は標準化 standardization の手続きが取られ，信頼性 reliability と妥当性 validity が十分検証されている。標準化とは，検査用具や手続きなどが一定に定められた検査で得られた結果（得点）を，その検査で測定しようとしている心理学的特徴と結びつけて論じることができるように，特定集団内での相対的位置づけを示す尺度得点に変換して表すための手続きをいう。信頼性とは，同じ人に同じ条件で同じ検査を実施したとき，一貫した結果が得られる程度をさしている。また，妥当性とは，測定しようとしている内容を正確に把握できているかどうかをさしている。いずれも，心理検査が科学的なものになるために求められる手続きである。

**表 1-1　主なパーソナリティ検査**

| 種別 | 検査名 | | 実施時間 | 対象年齢 |
|---|---|---|---|---|
| 質問紙法 | MMPI | MMPI 新日本版 | 正式版 60 分<br>略式版 40 分 | 15 歳〜 |
| | | MMPI-3 日本版 | 40 分程度 | 18 歳〜 |
| | NEO-PI-R | | 30 分 | 青年期〜 |
| | NEO-FFI（NEO-PI-R 短縮版） | | 10 分 | |
| | 新版 TEG3 | | 10 分程度 | 16 歳以上 |
| | YG 性格検査 | | 30 分 | 小学生〜 |
| 投映法※ | ロールシャッハ法 | | 1 〜 2 時間程度 | 幼児〜 |
| | TAT | | 1 時間程度 | 幼児〜 |
| | 文章完成法（SCT） | | 40 〜 60 分 | 小学生〜 |
| | P-F スタディ | | 10 〜 15 分 | 小学生〜 |
| | S-HTP | | 10 〜 30 分程度 | 幼児〜 |
| | 風景構成法 | | 15 〜 25 分程度 | 幼児〜 |
| | バウムテスト | | 5 〜 30 分程度 | 幼児〜 |

※所要時間は目安であり，個人差が大きいことに留意すること。

　質問紙法による代表的なパーソナリティ検査に，MMPI（Minnesota Multiphasic Personality Inventory: エムエムピーアイ／ミネソタ多面的人格目録）をあげることができる。MMPI は，世界中で最も活用されている質問紙法のひとつである。さらに，パーソナリティの 5 因子モデルに基づいて作成された NEO-PI-R（Revised NEO Personality Inventory: ネオピーアイアール），交流分析理論に基づく新版 TEG®3（東大式エゴグラム），YG 性格検査®（矢田部ギルフォード性格検査）なども著名である。
　質問紙法と並んで重要なのは投映法であり，医療現場を中心にその利用頻度は極めて高い。ロールシャッハ法，TAT（Thematic Apperception Test: ティーエーティー／主題統覚検査），文章完成法（SCT: Sentence Completion Test），P-F スタディ（絵画欲求不満テスト），描画法などが頻繁に用いられている。
　投映法に共通するのは曖昧な刺激であり，正解はなく回答も自由であるという設定である。そして投映法は，曖昧な状況や対象にはその人の内界が映し出されやすいという心理学的特徴に基づいた結果理解がなされている。

　質問紙法が心理測定学的な観点に基づいて作成されているのに比べて，投映法の中には，十分に標準化されているとはいいにくいものもある。しかし統計的普遍性では捉えきれない個別性や変動しやすいこころの様態を描き出す臨床的手法として，投映法は貴重な役割を果たしている。

　本稿では数多くのパーソナリティ検査から，最も活発に研究され多くの現場で活用されている検査として，NEO-PI-R，MMPI，ロールシャッハ法を中心に取り上げる。

## Ⅱ．代表的な検査の特徴

### 1．NEO-PI-R

　NEO-PI-R（Costa & McCrae, 1992）は，コスタ（Costa, P. T.）とマックレー（McCrae, R. R.）によって，パーソナリティの 5 因子モデルをもとに作られた質問紙である。5 因子モデルは心理学の範疇にとどまらず，DSM などの精神医学的診断や生物学的研究も巻きこみながら発展を遂げている。

　NEO-PI-R は 240 項目（5 件法）で構成され，青年期以上に適用可能である。60 項目で構成された短縮版（NEO-FFI）も利用できる。この検査では，5 つの主次元と各次元に備わる 6 つの下位次元から総合的にパーソナリティを把握できる（ただし，NEO-FFI では下位次元ごとの測定はできない）。5 つの次元（カッコ内は下位次元）は，神経症傾向 N: neuroticism（不安・敵意・抑うつ・自意識・衝動性・傷つきやすさ），外向性 E: extra-version（温かさ・群居性・断行性・活動性・刺激希求性・よい感情），開放性 O: openness（空想・審美性・感情・行為・アイデア・価値），調和性 A: agreeableness（信頼・実直さ・利他性・応諾・慎み深さ・優しさ），誠実性 C: conscientiousness（コンピテンス・秩序・良心性・達成追求・自己鍛錬・慎重さ）である。

　NEO-PI-R は，世界中で活用されるパーソナリティ検査のひとつである。一般健常者におけるパーソナリティの測定尺度としての評価は高く，とりわけ研究ツールとしての存在感は大きい。

一方，妥当性尺度が 3 項目しか含まれていないことへの懸念の声もある。つまり，回答者には協力的で正直であることが期待される検査であるともいえる。このため，研究目的であればほぼ問題ないが，例えば司法領域や精神科領域等での使用に際して注意を呼びかける指摘もある（Gregory, 2014）。

## 2. MMPI

　MMPI は，ハサウェイ（Hathaway, S. R.）とマッキンリー（McKinley, J. C.）によって開発された質問紙法である。MMPI 原法は 1943 年に発表され，その後の MMPI-2 に続いて，2020 年に MMPI-3 が開発されている。

　MMPI の特長は，特定の理論に拠らず，正常群および臨床群の比較から経験的に作成された臨床尺度を備えている点にある。項目内容と尺度が直結していないので，回答を恣意的に操作することが困難である。また，被検者の回答態度を把握する妥当性尺度が充実している点も重要である。

　MMPI 新日本版は MMPI 原法（Hathaway & McKinley, 1943）に基づいている。550 項目で構成され，実施時間は 1 時間程度である（略式版は 383 項目で，実施時間は 40 分程度）。4 つの妥当性尺度（? ＝疑問尺度，L ＝虚偽尺度，F ＝頻度尺度，K ＝修正尺度）によって，プロフィール全体の妥当性を確認できる。臨床尺度には第 1 〜第 0 尺度まで 10 種類がある（1 ＝ Hs 心気症，2 ＝ D 抑うつ，3 ＝ Hy ヒステリー，4 ＝ Pd 精神病質的偏奇，5 ＝ Mf 男子性・女子性，6 ＝ Pa パラノイア，7 ＝ Pt 精神衰弱，8 ＝ Sc 統合失調，9 ＝ Ma 軽躁，0 ＝ Si 社会的内向）。なお，臨床尺度が直接疾患を示すわけではないことから，尺度名は数字で呼ぶのが一般的である。臨床尺度の解釈に際しては，2 点コード法（T 得点の最も高い 2 つの臨床尺度を解釈の中心に据える方法）が有用である。

　一方，最新版の MMPI-3（Ben-Porath & Tellegen, 2020）の項目数は大幅に減って 335 項目になり，52 種類の尺度（妥当性尺度＝ 10，臨床尺度＝ 42）で構成されている。

　項目数に加えて，MMPI-3 は MMPI 原法の尺度の考え方や構成を大きく変えている。主要な変更点としては，尺度の階層構造化，Uniform T スコアの導入，ジェンダーに関係ない基準の導入があげられる。

MMPI 原法では尺度すべてが横並びだったが，MMPI-3 は因子分析（潜在変数）の考え方を導入して，3 つの階層構造で尺度をまとめている（原則として同じ階層の尺度間で項目が重複していない）。26 種類の「特定領域の問題尺度」（COG 認知機能的愁訴，SUI 自殺念慮・希死念慮など）をまとめて 8 種類の「再構成臨床尺度」（RC1 身体的愁訴，RC6 被害念慮など）が作られ，さらにこれをまとめて 3 種類の「高次尺度」（EID 情緒・内在化機能不全など）が構成されている。また，MMPI 原法ではひとつの疾患を複数の尺度得点のパターン（コードタイプ）で把握しようとしたが（類型論的理解），MMPI-3 は特定の疾患と対応させる発想をとらず，コードタイプによる解釈を必要としなくなっている（特性論的理解）。

　さらに Uniform T スコアの導入によって，これまでの MMPI では臨床尺度の素点の分布が異なるために尺度間のパーセンタイル比較が困難であったという問題の解決がはかられている。そして MMPI-3 ではジェンダー別の基準を用いないことで（Mf 尺度がなくなったことも含む），生物学的性で分類された集団を異質なものとして取り扱う問題が回避されている。

## 3．ロールシャッハ法

　1921 年，ロールシャッハ（Rorschach, H.）によって発表された検査である。開発当初から変わらない 10 枚の図版を指定された順序で提示して，何に見えるのかを答えてもらうことで施行される。ロールシャッハ法以前にもインクブロットを用いた心理検査は存在した。しかし，これらの検査が「見えたもの（知覚内容）」の分析に特化したのに対して，ロールシャッハ法は知覚の体験様式に注目したことで，パーソナリティ理論の幅と可能性を拡げたと考えられている。結果には，被検者本人の気づいていない側面，中でも病理的な部分が浮かび上がりやすいために，医療現場や司法領域を中心に広く用いられている検査のひとつである。

　ロールシャッハ法にはいくつかの体系がある。世界的に最も活用されているのは，包括システム（Comprehensive System）とその後継としての R-PAS（Rorschach Performance Assessment System）である。日本ではさらに片口法，名大法，阪大法，馬場法などが重要な貢献を果たして

いる。

　各体系には独自のスコアリングシステムと解釈の視点がある。例えば包括システムでは，「統制とストレス」「感情」「自己知覚」「対人知覚」「認知（思考，媒介，情報処理）」というクラスターに分類・整理して理解できるように工夫されている。ただし体系ごとに違いはあっても，この検査が①検査者と被検者による対人関係をもとにしていること，②領域，決定因，反応内容，形態水準などの観点から反応を記号化し，この集計結果を解釈の基本に据える点は共通している。そして，この数量的分析を下地にしながら，反応を質的に理解するプロセス（「継起分析」「継列（系列）分析」と呼ばれる）がとられている。数量的分析と質的分析が両輪となって解釈が構成されるために，結果の理解にはサイエンスとアートの統合が求められる。

　また，本法には心理測定学的観点などから妥当性を疑問視する声もあげられている。これに対して，ロールシャッハ指標に関する大規模で精緻なメタ分析，新たな分析方法の開発（反応数を厳密に統制するR-PASはその典型例だろう），脳科学研究との連携などが試みられている。ロールシャッハ法は，開発当初から世界中で研究が続けられており，今なお，臨床事例研究と実証研究が最も活発に報告されている心理検査のひとつであるといってよい。

## 4．その他

　現場で重要視される心理検査には，これ以外にも様々なものがある。新版TEG3（東大式エゴグラム Tokyo University Egogram-New Ver.3; 東京大学医学部心療内科TEG研究会，2019）は，53項目で構成された簡便な質問紙として広く活用されている。交流分析理論をもとにしたこの検査は，CP（Critical Parent: 批判的な親），NP（Nurturing Parent: 養育的な親），A（Adult: 成人），FC（Free Child: 自由な子ども），AC（Adaptive Child: 適応的な子ども）のバランスから，パーソナリティ理解を試みている。

　文章完成法SCTには「小さい頃私は」などの文章の書き出しが並んでいて，ここに自由に文章を書き足してもらう検査である。最も一般的なものは精研式文章完成法テストSCT®であるが，これ以外にもいくつかのバージョ

ンがある。

　また，描画法にはコッホ（Koch, K.）によって創始されたバウムテスト，バック（Buck, J. N.）のHTP法を発展させたS-HTP法（統合型HTP法），そして中井久夫によって考案された風景構成法（LMT: Landscape Montage Technique）などがある。

　木の絵を描いてもらうバウムテストにはいくつかの変法がある。標準技法は1枚の用紙にひとつの木を描いてもらうやり方であるが，2枚法や3枚法などもある。また，HTP法がB5用紙に「家 House」「木 Tree」「人 Person」を別々に描いてもらうのに対して，S-HTP法はA4用紙1枚に「家」「木」「人」を含む絵を自由に描いてもらう課題である。1枚に複数のアイテムの記入を求められるだけに，自我の統合機能を含めた多面的な所見を得ることができると考えられている。風景構成法も描画による投映法であるが，検査というよりも心理療法のひとつとして考えたほうが適切だろう。いずれの描画法も言語能力に拠らずに実施できるために，子どもなど幅広い年代に適用可能である。

## Ⅲ．臨床での実際の使い方

### 1．パーソナリティ検査の導入と実施について
#### （1）検査導入の前に
　心理検査は，クライエントの援助に資するために実施される。したがってすべての心理検査は，臨床の要請にどのようにこたえるのかという観点から導入が検討され，具体的な検査が選定され，そして活用されなければならない。

　パーソナリティ検査に限らないが，心理検査を実施する前には被検者とのラポールを心がけることが望ましい。被検者によっては，なぜどんな検査を受けるのかなどについて知らされていない場合もある。不安緊張の中にあるかもしれない相手だけに，心理検査の実施についてどのように理解しているのかを尋ね，支持的，共感的に関わることが大切だろう。

　ただし，検査実施前に過剰に話しすぎないことも必要であるといわれる。

特に投映法を実施する前に心理的に深く話しこみすぎることで，退行が促進されて病理的特徴が強調されるなど，結果に影響が生じる可能性がある。病態水準が重篤であると予想される被検者の場合，一層の留意が必要である。

### （2）検査の適用可能性について

ほとんどすべての心理検査には，適用年齢がある。「成人版」「児童版」など，年齢によって細分化されている例も少なくない。

知的能力に制限があるなら実施が難しい場合もあるだろう。幻覚や妄想などの精神病症状が活発化しているなら，検査実施は見送ったほうがよい。一般に，入院・入所直後で不安感の高さが予想される時期も避けたほうがよいだろう。

一度検査をはじめても，被検者の様子次第ではとりやめたほうがよい場合もある。この場合，中断にいたった経緯や被検者の様子をまとめることも重要な所見になるだろう。

### （3）検査の実施時期

心理検査を実施するのは，「必要とされたとき」である。しかしときに難しいのが，①すでに心理療法が始まっている場合，②過去に同じ検査を受けた経験のあるクライエントの場合，である。

①については，検査の導入と結果のフィードバックが面接過程に与える影響を考える必要がある。とりわけ，治療関係を活用しながら進めていく心理療法（精神分析的心理療法など）が継続中の場合，検査導入には慎重さが求められる。検査の実施が，クライエントの「見知られる不安」を刺激しかねないためである。できれば，心理療法が導入される前に検査の実施が済んでいるとよいだろう。面接者と検査者を別にすることも有益かもしれない。

②については，再検査までに一定期間をあけるように求められる検査もある。絶対的な基準があるわけではないが，ロールシャッハ法などの投映法については，数カ月単位での間隔が必要であるといわれることもある。間隔が短い場合には，前回の影響を考慮に入れる必要があるだろう。

## 2．テスト・バッテリー

臨床心理的援助において，クライエントの全体像の理解が大切であること

を考慮するなら，検査をひとつだけ実施して終わることはほとんどない。したがって，何をどのように組み合わせるのが適切なのかを考える必要がある。

## (1) 検査の実施順序と必要な配慮

実施する検査の数を増やせば，それだけ多くの情報を得られるかもしれない。しかしなぜその検査を実施しようとしているのか，目的を意識しながらバッテリーを考えるのが望ましい。不必要な検査の実施は，金銭的にも精神的にも負担をかけてしまう。

ただし被検者が医療にかかっている場合，医師の指示のもとに業務を遂行する必要がある。したがって，主治医の判断を仰がずに独断で検査を選定して実施することはできない。ところが，医師が心理検査の知識を十分にもっているとは限らないのも事実である。普段から担当医師との連携を深めながら相談の場をもつことが必要である。

一般に心理検査は，負担の小さく侵襲性の低い検査から実施することが推奨されている。質問紙法は最初に実施されやすい。さらに検査依頼目的によって，実施順序が決められることもある。例えば発達障害の鑑別依頼のときには，パーソナリティ検査よりも先に知能検査の実施が必要なこともある。

一方で，検査実施順序に絶対的な基準がないことも事実である。例えば知能検査などが先に実施されると，ロールシャッハ法などの曖昧な検査にも「正解」があるという誤解を被検者に与える可能性があるといわれることもある。

## (2) 各種検査の特徴とテスト・バッテリーの考え方

それでは，具体的にどのような検査を組み合わせるのがよいのだろうか。

質問紙を用いることで，自己認識についての客観的な情報を得ることができる。投映法は回答の操作が難しく，結果には本人の自覚していないものも含まれるため，質問紙と組み合わせることで，パーソナリティの全体像を捉えることができる。とりわけ，ロールシャッハ法や描画法などの投映法で示された内容について，質問紙法や文章完成法を通して本人がどの程度自覚しているのかがわかると，臨床支援に役立つことが少なくない。

もう少し細かく各検査の特徴を整理すると，心理検査は①検査刺激の曖昧さの程度，②検査刺激は言語／非言語のどちらであるか，③検査実施に含ま

れる検査者との交流の程度，などの要因で構成されていることがわかる。これら3要因の種別や程度をもとに，心理検査は「構造度 structuredness」という観点から分類できる。

　質問紙法は，知能検査と並んで構造化された検査である。この場合，何をどう回答すればよいかが明瞭で（①の曖昧さが少なく，②は言語刺激である），そして③検査者との交流は最小限で済む。結果として，検査体験は大きな負担や不安になりにくい。

　これに対して，投映法は構造度の緩い検査として分類される。しかし同じ投映法でも，構造度の程度には差異がある（投映法の構造度は，馬場［2006］などに詳しくまとめられている）。

　文章完成法は①②③いずれにおいても質問紙法に近く，投映法の中では比較的構造化された検査である。これに対してロールシャッハ法では，どのような回答がどのような結果につながるのかが一層わかりにくく，被検者は不安定な手探り状態におかれやすい。それは，この検査の刺激がインクの染みという曖昧な非言語の媒体であり（①曖昧さの度合いが高く，②非言語刺激），回答や反応の仕方も被検者に委ねられているためである（例えば，文章で説明しても単語だけで答えても構わない）。さらに，③検査者との交流が求められる検査であり，ごまかしがききにくいことも影響しているだろう。

　このような状況下では，日頃の平静状態での自己統制力が十分に発揮されにくい。軽度の不安体験を余儀なくされる面もあって，この不安への対処という視点から解釈することも可能である。結果として，構造化された検査では観察されないような個人的な世界（社会生活では表面化しにくいような空想や願望など）が顕在化されやすくなるのである。

　構造度の異なる心理検査を併用することで，病態水準をはじめとしたアセスメントに役立てることができる。一般に，神経症水準のクライエントは，検査の構造度によって結果に大きな違いはなく，一貫したその人らしさが認められやすい。パーソナリティ障害など境界例水準のクライエントでは，構造化された検査では落ち着いた姿が描き出されても，ロールシャッハ法や描画などの構造度の緩い検査には破壊的な世界が展開されるなど，両者に大きな開きが認められることが少なくない。精神病水準のクライエントには，検

査の構造度の違いを超えて，思考の障害が認められることがある。

# Ⅳ．フィードバックの仕方

　ほとんどの場合，心理検査はフィードバック（結果の報告）をもって役割を終える。そしてこのフィードバックは，所見を中心にした依頼者への報告と，本人へのフィードバックの 2 つが中心になる。

## 1．結果報告書（所見）をまとめる
### （1）報告書の内容
　報告書を作成するにあたって，あらためて検査依頼を明確化する必要がある。

　医療機関であれば，鑑別診断について意見を求められることが少なくない。このときは病態水準などの見立てが必要だろう。入退院を判断するための参考資料として期待されたときには，予後や社会適応の可能性について考える必要がある。心理療法の導入可否や，どのような心理療法が適切なのか，意見を求められることもあるだろう。このときには，治療的関わりのヒントになるような所見があるとよい。そして，クライエントの強みや健康的な部分を忘れずに記載しておきたい。臨床心理支援は，この健康的な面を拠り所にして進められるからである。

　報告書のまとめ方に明確な決まりはない。例えば加藤・吉村（2016）は，ロールシャッハ法を中心にした投映法の報告書をまとめる上での 5 つの枠組みを提案している。精神分析的な理解に基づくこの枠組みは，①クライエントの現在の状況（外から見える適応パターンなど），②パーソナリティ傾向（自我の強さと弱さなど），③対人関係の特徴，④臨床の要請への応答（クライエントの問題への自覚の程度，病態水準など），⑤まとめと今後の展望（治療可能性や今後の展望など）で構成されていて，参考になるかもしれない。

### （2）報告書をまとめる上での留意事項
　報告書は，読み手の立場で書かれなければいけない。当然ながら，専門用

語は避ける必要がある。心理学の知識のない人が読んでわかるように，かみくだいた表現が望ましい。さらに，報告書を読むのは依頼医だけとは限らず，他の医療従事者等も目にする可能性を忘れるわけにはいかない。

そしてさらに，報告書が何を根拠にまとめられたのかがわかる必要がある。客観的結果をそのまま記述することが重要で，検査者の解釈（主観的判断）を加える必要のあるときには，客観的事実としての結果と区別してわかるような工夫が必要である。

最後に，報告書作成に含まれる重要な問題に少し触れておきたい。心理検査結果を含む医療情報は，被検者本人からの請求があった場合には開示されるのが通例である。このため原則としては，依頼者だけでなく被検者本人が目にする可能性を想定して所見をまとめることが望ましい。

一方で，投映法で得られる情報には，本人が意識化したり受容したりすることの困難な内容が含まれるのも事実である。最も顕著な例は病態水準である。発症を恐れてこれを否認しようとしている被検者が，所見を通じて精神病の可能性を知るという事態は避けたい。しかし同時に，この病態水準の見立てこそ主治医が最も必要とする情報である。ここには，「何を」「どこまで」「どのように」書くのかという難しい問題がある。必要なのは，病態水準や症状名などの専門用語を使わず，被検者が何に困りやすく，どのような心理状態におかれやすいのかについてまとめることである。それでもさらに具体的な症状や精神医学的診断についての言及が必要なら，依頼者と直接話しあうべきである。日頃から依頼者との連携を深めておくことで，細やかな意思疎通がもたらされることは言うまでもない。

## 2. 本人への結果のフィードバック

報告書と同じように，聞き手である被検者を意識することが必要である。本人へのフィードバックについては多くの議論があるが，基本的には，丁寧に，慎重に，という姿勢が求められる。しばしば指摘されるのは，「必要な時に必要なことを必要なだけ」（小山，2008）である。

結果のフィードバックは口頭だけなのか書面も活用するのか，書面を活用するとしたらどの程度の分量にまとめるのが適切なのだろうか。この点も，

事例に即して考える必要がある。このとき，知的能力や教育水準，心理検査にどのような動機をもっているのかなどを念頭におくことが求められる。

　もちろん，フィードバック内容とその伝え方は，検査結果を参考に検討することになる。例えば，ロールシャッハ法などによって「被害的に受けとめやすい」「現実検討能力に問題がある」という解釈結果を得たクライエントについて想像してほしい。臨床群にしばしば認められるこの結果は，検査結果のフィードバックを被害的に歪曲して受けとめる可能性の高いことを意味している。この点を十分に自覚しながら，何をどのように伝えるのが，その人にとって最善であるのか考える必要がある。

　フィン（Finn, S. E.）は，心理検査結果のフィードバックを治療的に活用する技法（治療的アセスメント therapeutic assessment）を発展させており（Finn, 2007），これが心理アセスメントの世界で大きな潮流となっている。

　検査結果の治療的活用は，フィードバック面接の構造化と洗練された技法によって支えられている。大切なのは内容と伝え方の吟味であり，治療的に結果を活用するための面接の（半）構造化である。治療的アセスメントでは，基本的には肯定的な内容からはじまり，クライエントの自覚している情報に移り，クライエントの自己概念に変容をもたらしうる事象に進んでいく。そしてフィンは，この一連のプロセスに数セッションを費やしている。ここに明らかなのは，検査結果を臨床的に活用するためには，十分に目配りの行き届いた臨床的配慮と技術が必要であるという事実である。

## V. まとめ

　パーソナリティ検査には，科学的実証性を重視する質問紙もあれば，統計的信頼性では拾いきれないような変わりやすいこころの側面に焦点づける投映法もある。臨床心理の専門家には，この両者の利点を活用しながら臨床的援助につなげていくことが期待されている。

　いずれの心理検査においても，定められた手順や分析方法の遵守が不可欠である。さらに，検査結果の何をどのように活用すればクライエントに資す

るのかという視点も不可欠である。機械的でマニュアルどおりの対応は，パーソナリティ検査には馴染まず，被検者を大きく傷つけかねないことを肝に銘じたい。逆に，この個別性に十分な臨床的配慮が行き届いた検査実施と結果のフィードバックは，臨床面接として大きな役割を果たし得るといってよいだろう。

**【引用文献】**

馬場禮子（2006）投映法——どう理解しどう使うか．氏原　寛・岡堂哲雄・亀口憲治・西村洲衞男・馬場禮子・松島恭子（編）　心理査定実践ハンドブック．創元社．220-230.

Ben-Porath, Y. S., & Tellegen, A. (2020) *Minnesota Multiphasic Personality Inventory-3 (MMPI-3): Technical manual.* University of Minnesota Press. ［MMPI-3 日本版研究会（2022）MMPI-3 日本版マニュアル．三京房.］

Costa, P. T. & McCrae, R. R. (1992) *Revised NEO personality inventory (NEO-PI-R) and NEO five-factor-inventory (NEO-FFI): Professional manual.* Psychological Assessment Resources. ［下仲順子・中里克治・権藤恭之（2011）日本版 NEO-PI-R，NEO-FFI 使用マニュアル．東京心理.］

Finn, S. E. (2007) *In our clients' shoes: Theory and techniques of therapeutic assessment.* LEA. ［野田昌道・中村紀子（訳）（2014）治療的アセスメントの理論と実践——クライアントの靴を履いて．金剛出版.］

Gregory, R. J. (2014) *Psychological testing: History, principles, and applications, 7th edition.* Pearson.

Hathaway, S. R. & McKinley, J. C. (1943) *The Minnesota multiphasic personality inventory (Rev. ed., 2nd printing.).* University of Minnesota Press.

加藤志ほ子・吉村　聡（編著）（2016）ロールシャッハテストの所見の書き方．岩崎学術出版社．

小山充道（2008）必携臨床心理アセスメント．金剛出版．

東京大学医学部心療内科 TEG 研究会（2019）新版 TEG3 マニュアル．金子書房．

**2**章
# 知能検査
津川律子・大六一志

## Ⅰ．はじめに

　ここ数年，ASD（自閉スペクトラム症）や ADHD（注意欠如・多動症）を疑う関係職種から，ウェクスラー知能検査たったひとつだけの実施依頼や，スクリーニング検査とウェクスラー知能検査だけといった検査バッテリーを依頼されることが，体験的に多くなった。加えて，検査を受ける本人や家族を含め，数値の凹凸に大変な関心がもたれていて，少しでも凹凸があれば，それだけで〝障害〟といわんばかりの現状である。実際に臨床現場で知能検査を使いこなしている専門家は理解していることと思うが，定型発達者（児）でも，得点のばらつきや偏りがまったくない人は少ない。むしろ，知的に制限があると，ばらつきや偏りは小さくなり，FSIQ（Full Scale IQ）が高いほど，ばらつきや偏りは大きくなるのが実体験である。つまり，検査得点の〝偏り〟と，発達特性の〝偏り〟を，データに関する詳細で十分な検討ぬきに混同してしまっている非専門家が少なくない現状といえるかもしれない。

　適切な検査バッテリーを組む必要性や，検査の数値だけでなく誤答の性質を含む質的な分析を含めてデータを丁寧に読み込むことの大切さ，行動観察や十分な生活歴の聴取などを含めて統合的に見立てていくことの重要性が，ないがしろにされているようにも思える。臨床心理検査の専門家は，正しい知能検査の使い方を，周囲の関係職種に積極的に伝えていく必要があるのではないだろうか。

　日本で使用されている主たる知能検査の概要を**表 2-1** にまとめた。ただし，所要時間は，対象者の年齢，能力レベル，検査に対する態度，検査者の実施経験など，様々な要因によって変動するため，あくまでも参考時間である。本章では，**表 2-1** にある WISC-V，WAIS-IV，WPPSI-Ⅲ，田中ビネー

表 2-1　主な知能検査

| 検査名 | 個別・集団 | 対象年齢 | 所要時間 |
|---|---|---|---|
| WISC-IV | 個別 | 5 歳 0 カ月〜 16 歳 11 カ月 | 60 〜 80 分 * |
| WISC-V | 個別 | 5 歳 0 カ月〜 16 歳 11 カ月 | 65 〜 80 分 ** |
| WAIS-IV | 個別 | 16 歳 0 カ月〜 90 歳 11 カ月 | 70 〜 100 分 |
| WPPSI-III | 個別 | 2 歳 6 カ月〜 7 歳 3 カ月 | 40 分 *** と，50 〜 70 分 **** |
| 田中ビネー知能検査V | 個別 | 2 歳 0 カ月〜成人 | 約 1 時間〜 1 時間半 |
| KABC-II | 個別 | 2 歳 6 カ月〜 18 歳 11 カ月 | 30 〜 120 分 ***** |
| DN-CAS | 個別 | 5 歳 0 カ月〜 17 歳 11 カ月 | 60 〜 100 分 ****** |

*10 の基本下位検査の所要時間　**10 の主要下位検査の所要時間　***2 歳 6 カ月〜 3 歳 11 カ月が対象の場合
****4 歳 0 カ月〜 7 歳 3 カ月が対象の場合　*****年齢によって大きく違う
******簡易実施法の場合，40 〜 60 分

知能検査Vを中心に概説するが，本稿執筆時点でおそらく読者にとって最も
関心が高い WISC-Vについて解説する部分に比較的多くの紙面を割いた。

## II．代表的な検査の特徴（関係する理論の紹介を含む）

### 1．WISC-V（Wechsler Intelligence Scale for Children – Fifth Edition）

　米国のウェクスラー（Wechsler, D.）によって開発された知能検査は，
総称して「ウェクスラー式知能検査」や「ウェクスラー系知能検査」と記載
される場合もあるが，日本版の開発者たちは「ウェクスラー知能検査」とシ
ンプルに表記することも多い。検査者 1 名に対象者 1 名の個別式知能検査で
あり，日本のみならず世界的に使用されている。ウェクスラー知能検査の始
まりは，ウェクスラー・ベルヴュー知能検査（Wechsler-Bellevue Intel-
ligence Scale; W-B, Wechsler, 1939）である（日本版 WISC-V刊行委
員会，2022）。初版の WISC（Wechsler Intelligence Scale for Chil-
dren）が米国で発表されたのが 1949 年であり，以来，WISC-R，
WISC-III，WISC-IV（米国版 2003 年／日本版 2010 年），WISC-Vと発
展してきた。WISC-V（ウイスク・ファイブ）は，米国では 2014 年に発
表され，日本版が出たのが 2022 年で，米国版・日本版ともに最新版である。

日本では 2021 年まで使用されてきた WISC-IV と，最新版の WISC-V との違いは様々にあるが，実践家にとって大きなところを整理する。

1) 標準得点の分類記述が変更されている。例えば，従来の分類記述で「低い（境界域）」とされていたものが，WISC-V では「非常に低い」になっている。

2) WISC-IV では，言語理解指標（Verbal Comprehension Index: VCI），知覚推理指標（Perceptual Reasoning Index: PRI），ワーキングメモリー指標（Working Memory Index: WMI），処理速度指標（Processing Speed Index: PSI）であった 4 つの指標が，WISC-V では，言語理解指標（VCI），視空間指標（Visual Spatial Index: VSI），流動性推理指標（Fluid Reasoning Index: FRI），ワーキングメモリー指標（WMI），処理速度指標（PSI）と 5 つの指標になった。

3) 日本版における対象年齢は WISC-IV と変わらず，WISC-V でも 5 歳 0 カ月〜 16 歳 11 カ月である。

4) WISC-IV から引き継がれた 13 個の下位検査（積木模様，類似，行列推理，数唱，符号，単語，記号探し，知識，絵の概念，語音整列，絵の抹消，理解，算数）に，新たに 3 個の下位検査が加わった（バランス，パズル，絵のスパン）。全体の構成は，表 2-2 をご覧いただきたい。バランスとパズルは，WAIS-IV で馴染みがあると思うが，「絵のスパン」は，後述する WPPSI-IV（米国版 2012 年）の「絵の記憶」（Picture Memory）を修正したものである（日本版 WISC-V 刊行委員会，2022）。また，下位検査は，「主要下位検査」（10 個）と「二次下位検査」（6 個）という表記分類となった。

5) FSIQ を算出するためには 7 個の下位検査の実施で足りるが，日本版 WISC-V 刊行委員会では，主要下位検査 10 個の実施を推奨している。それにより 5 つの主要指標すべてが算出できるからである。加えて，二次下位検査を実施する場合は，「語音整列」と「算数」の実施を推奨している。これによりすべての補助指標を算出できるからである。

6) 補助指標は 5 つで，量的推理指標（Quantitative Reasoning Index:

表 2-2 日本版 WISC-V 知能検査の構成 （2022 年 2 月時点）

| | | 2 類似 | 6 単語 | 11 知識 | 15 理解 | 1 積木模様 | 8 パズル | 3 行列推理 | 7 バランス | 12 絵の概念 | 16 算数 | 4 数唱 | 9 絵のスパン | 13 語音整列 | 5 符号 | 10 記号探し | 14 絵の抹消 |
|---|---|---|---|---|---|---|---|---|---|---|---|---|---|---|---|---|---|
| | 全検査 IQ（FSIQ） | ○ | ○ | △ | △ | ○ | △ | ○ | ○ | △ | △ | ○ | △ | △ | ○ | △ | △ |
| 主要指標 | 言語理解指標（VCI） | ○ | ○ | | | | | | | | | | | | | | |
| 主要指標 | 視空間指標（VSI） | | | | | ○ | ○ | | | | | | | | | | |
| 主要指標 | 流動性推理指標（FRI） | | | | | | | ○ | ○ | | | | | | | | |
| 主要指標 | ワーキングメモリー指標（WMI） | | | | | | | | | | | ○ | ○ | | | | |
| 主要指標 | 処理速度指標（PSI） | | | | | | | | | | | | | | ○ | ○ | |
| 補助指標 | 量的推理指標（QRI） | | | | | | | | ○ | | ○ | | | | | | |
| 補助指標 | 聴覚ワーキングメモリー指標（AWMI） | | | | | | | | | | | ○ | | ○ | | | |
| 補助指標 | 非言語性能力指標（NVI） | | | | | ○ | ○ | | | ○ | | | ○ | | | ○ | |
| 補助指標 | 一般知的能力指標（GAI） | ○ | ○ | | | ○ | | ○ | ○ | | | | | | | | |
| 補助指標 | 認知熟達度指標（CPI） | | | | | | | | | | | ○ | ○ | | ○ | ○ | |

下位検査名の上の数字は実施順序 ○は実施必須 △は○の検査に1つだけ代替可

QRI），聴覚ワーキングメモリー指標（Auditory Working Memory Index: AWMI），非言語性能力指標（Nonverbal Index: NVI），一般知的能力指標（General Ability Index: GAI），認知熟達度指標（Cognitive Proficiency Index: CPI）である。**表 2-2** を参照されたい。

なお，16 個の下位検査とは別に「貯蔵と検索」という新しい指標を算出するためのオプションの下位検査が 5 個あるが，2022 年時点で日本版は未発表である。この「貯蔵と検索」は，対象者が限局性学習症（Specific Learning Disorder）であるか否かを確認するための資料を提供する（大六，2022）。

日本では，WISC-IVを使用している実務者も少なくないと思われるので，参考のために，WISC-IVの構成も**表 2-3** にまとめた。

表2-3　日本版 WISC-IV 知能検査の構成

| | 2 類似 | 6 単語 | 9 理解 | 13 知識 | 15 語の推理 | 1 積木模様 | 4 絵の概念 | 8 行列推理 | 11 絵の完成 | 3 数唱 | 7 語音整列 | 14 算数 | 5 符号 | 10 記号探し | 12 絵の抹消 |
|---|---|---|---|---|---|---|---|---|---|---|---|---|---|---|---|
| 全検査 IQ（FSIQ） | ○ | ○ | ○ | △ | △ | ○ | ○ | ○ | △ | ○ | ○ | △ | ○ | ○ | △ |
| 言語理解指標（VCI） | ○ | ○ | ○ | △ | △ | | | | | | | | | | |
| 知覚推理指標（PRI） | | | | | | ○ | ○ | ○ | △ | | | | | | |
| ワーキングメモリー指標（WMI） | | | | | | | | | | ○ | ○ | △ | | | |
| 処理速度指標（PSI） | | | | | | | | | | | | | ○ | ○ | △ |
| 一般知的能力指標（GAI） | ○ | ○ | ○ | △ | △ | ○ | ○ | ○ | △ | | | | | | |
| 認知熟達指標（CPI） | | | | | | | | | | ○ | ○ | △ | ○ | ○ | △ |

（左端の見出し「指標得点」）

下位検査名の上の数字は実施順序　○は基本検査　△は補助検査

## 2．CHC 理論

　キャッテル（Cattell, R. B.），ホーン（Horn, J. L.），キャロル（Carroll, J. B.）の頭文字をとった CHC 理論は，知能因子理論の集大成ともいえ（巻口・北村・三上，2022），知能検査に影響を与えているため，ここに紹介する。

　CHC 理論では，知能は三層構造に整理されている。まず，細分化された能力（narrow ability）である第Ⅰ層があり，それらの能力をとりまとめた広範能力（broad ability）が第Ⅱ層にある。そして，全ての能力をひとつに集約した一般知能因子 g の第Ⅲ層がある（Flanagan & McDonough, 2018）。

　この理論のメリットはいくつかあるが，実践家にとっては，それぞれの知能検査で測定できる領域と，測定できない領域が理論的に明確になり，測定できない領域を測定するために他の検査を追加して実施する根拠を示すことができる点が挙げられる。ウェクスラー知能検査では，WPPSI-Ⅳ（米国版 2012 年）以降，この CHC 理論に準拠して検査が作成されるようになっている（大六，2022）ため，WISC-V（米国版 2014 年）も影響を受けている。

　1997年の登場当初における CHC 理論の広範能力（第Ⅱ層）には 10 の能力があり，次のとおりである。結晶性能力（Gc: Crystallized Intelligence），流動性推理（Gf: Fluid Reasoning），視覚処理（Gv: Visual Processing），聴覚処理（Ga: Auditory Processing），短期記憶（Gsm: Short-Term Memory），長期記憶と検索（Glr: Long-Term Storage and Retrieval），読み書き（Grw: Reading and Writing），数量の知識（Gq: Quantitative Knowledge），処理速度（Gs: Processing Speed），反応・判断速度（Gt: Reaction and Decision Speed）。

　上記の能力と WISC-V の関係は，図 2-1 のようになっていると考えられている（Flanagan et al., 2013）。図 2-1 を見ると，例えば「読み書き」は，WISC-V では測定できないため，「読み書き」に課題があって不適応状態に陥っている子どもの原因を同定し，根拠をもって具体的な対応策を立案・実行するためには，WISC-V に追加して，対象年齢に応じた「読み書き」を測定できる他の検査を実施する必要があることが明確になる。

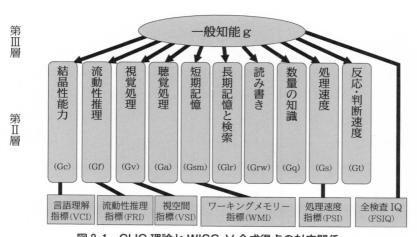

**図 2-1　CHC 理論と WISC-V 合成得点の対応関係**
（Flanagan et al.［2013］を参考に作成）
上：CHC 理論による知能の種類　下：WISC-V の合成得点

## 3. WAIS-Ⅳ（Wechsler Adult Intelligence Scale – Fourth Edition）

　WAIS は，米国で 1955 年に発表され，日本版が出たのが 1958 年である。その後，WAIS-R，WAIS-Ⅲと発展を遂げ，WAIS-Ⅳ（ウエイス・

### 表 2-4　日本版 WAIS-Ⅳ 知能検査の構成

| | | 2 類似 | 5 単語 | 9 知識 | 13 理解 | 1 積木模様 | 4 行列推理 | 8 パズル | 12 バランス* | 15 絵の完成 | 3 数唱 | 6 算数 | 11 語音整列* | 7 記号探し | 10 符号 | 14 絵の抹消* |
|---|---|---|---|---|---|---|---|---|---|---|---|---|---|---|---|---|
| | 全検査 IQ（FSIQ） | ○ | ○ | ○ | △ | ○ | ○ | ○ | △ | △ | ○ | ○ | △ | ○ | ○ | △ |
| | 一般知的能力指標（GAI） | ○ | ○ | ○ | △ | ○ | ○ | ○ | △ | △ | | | | | | |
| 指標得点 | 言語理解指標（VCI） | ○ | ○ | ○ | △ | | | | | | | | | | | |
| | 知覚推理指標（PRI） | | | | | ○ | ○ | ○ | △ | △ | | | | | | |
| | ワーキングメモリー指標（WMI） | | | | | | | | | | ○ | ○ | △ | | | |
| | 処理速度指標（PSI） | | | | | | | | | | | | | ○ | ○ | △ |

下位検査名の上の数字は実施順序　○は基本検査　△は補助検査　*16 〜 69 歳のみ実施可能な下位検査

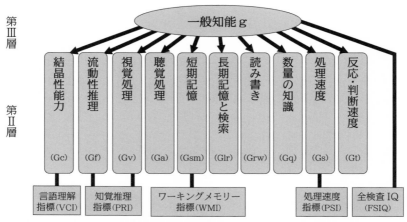

### 図 2-2　CHC 理論と WAIS-Ⅳ 合成得点の対応関係
（Flanagan et al.［2013］を参考に作成）

上：CHC 理論による知能の種類　　下：WAIS-Ⅳ の合成得点

フォー）は米国で2008年に発表され，日本版が出たのが2018年で，最新版である。WAIS-Ⅳの対象年齢は，16歳0カ月〜90歳11カ月となっている（日本版WAIS-Ⅳ刊行委員会，2018）。

　表2-1をみるとわかるように，16歳0カ月〜16歳11カ月の対象者は，WISC-VとWAIS-Ⅳのどちらも実施できることになるが，どちらを選択すべきかの原則に関しては次のように指摘されている。すでに知的障害があることが判明している場合や，能力が平均を下回る疑いのある対象者の場合は，WISC-Vを実施するとよい。逆に平均を超える能力がある対象者の場合，WAIS-Ⅳの実施を考えるとよい（日本版WISC-V刊行委員会，2021）。

　WAIS-Ⅳの基本構成は，表2-4にまとめた。また，CHC理論とWAIS-Ⅳの関係は，図2-2にまとめた。

## 4. WPPSI-Ⅲ（Wechsler Preschool and Primary Scale of Intelligence-Third Edition）

　ウェクスラー知能検査の最後に登場したのが，WPPSIであり，米国では1967年に発表され，日本版は1969年に発表された。その後，WPPSI-R，WPPSI-Ⅲ，WPPSI-Ⅳと発展してきているが，米国で2012年に発表されたWPPSI-Ⅳの日本版は刊行されておらず，日本版の最新版は，2017年に発表されたWPPSI-Ⅲ（ウィプシ・スリー）である。

　WPPSI-Ⅲの構成は年齢によって違っているため，2歳6カ月〜3歳11カ月の子どもが対象の場合は表2-5を参照されたい（日本版WPPSI-Ⅲ刊行委員会，2017）。4歳0カ月〜7歳3カ月の子どもが対象の場合は，表2-6を参照されたい（前掲）。

　表2-1をみるとわかるように，5歳0カ月〜7歳3カ月の対象者は，WPPSI-ⅢとWISC-Ⅳのどちらも実施できることになるが，どちらを選択すべきかに関してはWAISと同様に次のように指摘されている。能力が平均を下回る疑いのある子どもの場合，WPPSI-Ⅲを実施するとよい。このほか，「日本語の習熟が十分でない子ども，言語障害がある子ども，言葉や表出に困難のある子ども」にもWPPSIを実施するとよい。逆に平均を超

表 2-5　WPPSI-III の構成（2 歳 6 カ月〜 3 歳 11 カ月）

| | | 1 ことばの理解 | 3 知識 | 5 絵の名前 | 2 積木模様 | 4 組合せ |
|---|---|---|---|---|---|---|
| 全検査 IQ（FSIQ） | | ○ | ○ | △ | ○ | ○ |
| 指標得点 | 言語理解指標（VCI） | ○ | ○ | △ | | |
| | 知覚推理指標（PRI） | | | | ○ | ○ |
| 総合得点 | 語彙総合（GLC） | ○ | | ○ | | |

下位検査名の上の数字は実施順序
○は基本検査　△は補助検査（「絵の名前」は「ことばの理解」に代替可能）

表 2-6　WPPSI-III の構成（4 歳 0 カ月〜 7 歳 3 カ月）

| | | 2 知識 | 4 単語 | 7 語の推理 | 9 理解 | 11 類似 | 1 積木模様 | 3 行列推理 | 5 絵の概念 | 10 絵の完成 | 13 組合せ | 6 記号探し | 8 符号 | 12 ことばの理解 | 14 絵の名前 |
|---|---|---|---|---|---|---|---|---|---|---|---|---|---|---|---|
| 全検査 IQ（FSIQ） | | ○ | ○ | ○ | △ | △ | ○ | ○ | ○ | △ | △ | △ | ○ | | |
| 指標得点 | 言語理解指標（VCI） | ○ | ○ | ○ | △ | △ | | | | | | | | | |
| | 知覚推理指標（PRI） | | | | | | ○ | ○ | ○ | △ | △ | | | | |
| | 処理速度指標（PSI） | | | | | | | | | | | ○ | ○ | | |
| 総合得点 | 語彙総合（GLC） | | | | | | | | | | | | | ○ | ○ |

下位検査名の上の数字は実施順序　○は基本検査　△は補助検査

える能力がある子どもの場合，WISC-IV の実施を考えるとよい（日本版
WPPSI-III 刊行委員会，2017）。

　これまでみてきた，WISC，WAIS，WPPSI の 3 つがウェクスラー知
能検査に含まれることになる。

## 5．田中ビネー知能検査V

　世界で初めて近代的な知能検査を創ったフランスのビネー（Alfred
Binet ／ 1857-1911）の流れを汲む知能検査である（高橋・津川，2015）。

初版は1947年で，初版から数えて，2003年版は5番目の版にあたるため，「V」（ファイブ）と名前がつけられている（財団法人 日本田中教育研究所，2003b）。なお，開発史は，中村・大川（2003）にわかりやすく記述されている。

　問題は，1歳級，2歳級，3歳級といったように，生活年齢（Chronological Age: CA）に該当する級が13歳級まであり，加えて成人級の問題がある。生活年齢2歳0カ月〜13歳11カ月までの対象者は，生活年齢と等しい年齢級から検査を始めるのが原則である（財団法人 日本田中教育研究所，2003a）。生活年齢14歳0カ月以上には，原則として成人級の問題を実施する（前掲）。14歳以上の場合，「結晶性」「流動性」「記憶」「論理推理」という4つの領域から知能の測定を行うことが可能である。

　問題の実施後は，採点基準に従って各問題の合否が判断され，基底年齢（Basal Age）が定まる。基底年齢とは，対象者がある年齢級に属する問題のすべてに合格した場合，その1つ上の年齢のことをいう。例えば，5歳級の問題にすべて合格すれば，5歳級が下限年齢級となり，5歳に1歳足して，基底年齢は6歳となる。この基底年齢に，さらに上の年齢級で合格した問題から加算月数（重みづけがされている）が加えられて，最終的に精神年齢（Mental Age: MA）が求められる。ここから公式に従ってIQ（Intelligence Quotient）が算出される。生活年齢が14歳以上の成人級では基本的に精神年齢は算出せず，評価点から領域別の偏差知能指数（Deviation Intelligence Quotient: DIQ）および総合DIQが算出される。なお，周知のとおり，IQはビネーが考案したものではない。アメリカのターマン（Terman, L. M.）がスタンフォード・ビネー法で実用化したものである。

## 6. その他の知能検査

### (1) KABC-Ⅱ

　Kaufman, A. S. & Kaufman, N. L. により1983年に作成された「Kaufman Assessment Battery for Children」の略称がK-ABCである。日本では1993年に「K-ABC心理・教育アセスメントバッテリー」として発表された。特徴は，子どもの知的能力を，基礎的な認知能力と，そ

れを基盤として習得された知識や能力とを区別して測定する点で，適用年齢は，2歳6カ月から12歳11カ月であった。

　次に，Kaufman, A. S. & Kaufman, N. L. によって2004年にK-ABCの改訂版であるKABC-Ⅱ（Kaufman Assessment Battery for Children Second Edition）が刊行され，2013年に日本版KABC-Ⅱ（ケーエービーシー・ツー）が刊行された。大きく文化的知識の影響を受けにくい基礎的な認知過程を測定する「認知尺度」と，その認知を活用した習得の成果を示す「習得尺度」で構成されており，「認知尺度」の下位検査は11個であり，「習得尺度」の下位検査は9個である（大六，2015）。また，結果の解釈には，カウフマンモデルとCHCモデルという2つの理論的枠組が用意されている（Kaufman, A. S. & Kaufman, N. L. 著，日本版KABC-Ⅱ制作委員会訳編，2013）。日本版KABC-Ⅱでは適用年齢が2歳6カ月〜18歳11カ月と年齢上限が拡大されている（表2-1）。

　なお，表2-7をみると，KABC-ⅡとWISC-Vとでバッテリーを組むことにより，CHC理論第Ⅱ層の10領域のうち8領域をカバーできることがわかる。

### 表2-7　CHC理論とKABC-II，WISC-V，WISC-IV，WAIS-IVの対照表

| CHC理論の第Ⅱ層（広域能力） | KABC-IIのCHC尺度 | WISC-Vの指標 | WISC-IV，WAIS-IVの指標 |
|---|---|---|---|
| 結晶性能力（Gc） | 結晶性能力（Gc） | 言語理解指標〔VCI〕 | 言語理解指標〔VCI〕 |
| 流動性推理（Gf） | 流動性推理（Gf） | 流動性推理指標〔FRI〕 | 知覚推理指標〔PRI〕 |
| 視覚処理（Gv） | 視覚処理（Gv） | 視空間指標〔VSI〕 | |
| 聴覚処理（Ga） | — | — | — |
| 短期記憶（Gsm） | 短期記憶（Gsm） | ワーキングメモリー指標〔WMI〕 | ワーキングメモリー指標〔WMI〕 |
| 長期記憶と検索（Glr） | 長期記憶と検索（Glr） | — | — |
| 読み書き（Grw） | 読み書き（Grw） | — | — |
| 数量の知識（Gq） | 量的知識（Gq） | — | — |
| 処理速度（Gs） | — | 処理速度指標〔PSI〕 | 処理速度指標〔PSI〕 |
| 反応・判断速度（Gt） | — | — | — |

（　）内のアルファベットはCHC理論におけるコード。　　　　　大六（2016）を一部改変。

## (2) DN-CAS

DN-CAS（ディーエヌ・キャス）は，ダス（Das, J. P.）とナグリエリ（Naglieri, J. A.）によって開発されたCognitive Assessment System（CAS）の日本版である。米国では1997年に発表され，日本版は2007年に発表された。ルリア（Luria, A. R.）のPASS（Planning, Attention, Simultaneous, Successive）理論に基づいており，文化的知識の影響を受けにくい基礎的な認知能力の測定に特化して能力を評価することを目指している（大六，2015）。12個の下位検査で構成されている。全検査標準得点のほかに，継次処理，同時処理，注意，プランニングの標準得点が算出される。ADHDでは注意やプランニングが低く，発達性読み書き障害では継次処理が低いなど，ウェクスラー知能検査やKABC-Ⅱでは測定できない側面から各種障害の特徴を見出し，具体的な支援へとつなげることができる（大六，2019）。適用年齢は，5歳0カ月から17歳11カ月である（**表2-1**）。

## Ⅲ．臨床での実際の使い方

ビネーが1905（明治38）年に考案した知能検査で，印象的な問題のひとつに「食物の認識」がある（中野・大沢，1982）。これは，視覚によって食べられない物と，食べられる物を弁別する問題で，具体的には，チョコレートと，それとよく似た木製立方体を子どもに提示して，その反応を調べるという問題である。食べられない物と，食べられる物が弁別できない子どもは，いかに生活がしにくいかを想像すると，日常生活にそった子どものための検査をビネーが考えたことがよく伝わってくる。いずれにしても，知能検査の初期の目的は，知的な水準を把握し，教育領域でいえば，学業不振がその子の怠けのせいではないことを証明し，一人ひとりの子どもの個性に合わせた教育を行うことなどであり，医療領域でいえば知的障害などの診断の目安となる数値を提供することであった。そのため，DSM-ⅣやICD-10では知的障害の程度の目安としてIQ値が示されていた。しかし，知的障害におけるIQ値の役割は次第に変化し，DSM-5（2013）の知的能力障害

（知的発達症／知的発達障害／ Intellectual Disability）の診断基準には IQ 値は書かれていない。ICD-11（2022）の知的発達症（Disorders of Intellectual development）も同様である。例えば，「知的発達症，軽度」（Disorder of Intellectual Development, mild）の解説には「標準化されたテストにおいて，知的機能および適応行動が平均よりおよそ 2 〜 3 標準偏差（およそ 0.1 〜 2.3 パーセンタイル）低いこと」と書いてあるだけで，具体的な IQ 値は書かれていない。

　それでは，知能検査に求められるものは何になったかというと，問題（困難や悩み）の原因となるメカニズムを同定するために他の検査バッテリーの土台となることが根本であろう。そのうえで，ウェクスラー知能検査でいえば，様々な能力の個人内における差異（能力特性）を調べられることから，対象者の能力特性に合った具体的な心理支援を導き出すことであろう。特に，知的障害だけでなく学習障害疑いにおいて知能検査の実施は必須と思われる。なぜなら，知的障害や学習障害疑いにおいて知能検査の結果は，鑑別診断の補助のみならず，今後の支援指針に直結する重要な資料になるからである。このように，知能検査に求められているものは何かをきちんと認識しておけば，検査者として臨床での実際の使い方もおのずとはっきりしてくるように思う。

　知能検査の結果が先にわかっていると，他の検査の読み込みが格段に違ってくる。例えば，大きく制限されている能力がある場合，それが他の検査結果に影響する場合が少なくない。逆に，知的水準は非常に高いのに，自分では特定の能力が劣っていると体験している対象者にとって，他者と比較するのではなく，自分の中で不得手感をもつものと，検査結果で示される結果が同じかどうかは，支援の方向性に関係するため，追加検査の可能性が生じるかもしれない。このように例を書き出すとキリがないが，1 章（10 頁）にあるような理由がなければ，知能検査を他の検査（とくに投映法）より先に実施することをお勧めしたい。

　また，言語的な回答だけでなく非言語的な行動も正確に記録することなど，検査実施中はやることが満載である。とくに初学者は時間測定や質問だけに気をとられず，知能検査を媒介にして，いままさに対象者の心理アセスメントを実行しているという事実を忘れないでいただきたい。

# Ⅳ．フィードバックの仕方

　知能検査に限らないが，何が問題になっているのか，対象者は何に困っているのか，どういうことの原因となるメカニズムがわかればよいのかといった，いわゆる主訴や主問題をきちんと把握し，それに沿ってフィードバックすることが肝要である。

　例えば，検査報告書に，対象者の氏名や年齢，実施した日時や検査名，実施した検査者名などを書くのは常識になっているが，残念なことに主訴や主問題が報告書の冒頭にまったく書かれていないケースは少なくない。どういう問題に対して，検査でどのようなデータが出ているかについて報告し，今後，具体的にどのようにしていけば主訴や主問題の解決ないし軽減につながるのかをフィードバックするのが報告書であるならば，短くてよいので，主訴や主問題，つまり相談内容について報告書の冒頭に書く必要があるように思う。

　なお，フィードバックの参考に，主訴・主問題とWISC-IV，WAIS-IVの指標得点との関係について，紙面の関係で，ごく一部をサンプルとして**表2-8**に呈示した。

　また，専門家のみが読む前提の報告書には細かな数値が記入してあったほうが実証的な根拠がわかってよいが，一般の人（非専門家）にフィードバックする際，とくに書面において，できるだけ検査の細かい数値（下位検査の評価点など）を書かないことが推奨されている。数値が残ることでそれが固定された絶対的なものと捉えられ，数値が一人歩きをして誤解が生じることを避けるためなどが理由である。

　口頭によるフィードバックでも，報告書でも，一般の人に伝える際に大事な点は，専門用語を避けることであるとよくいわれる。そのとおりであるが，専門用語を避けるだけでなく，否定的な表現を，否定的なニュアンスではない表現に変えて書くことが大切である。例えば，授業で教師の話をノートにとれない子どもがいて，そのせいで勉学意欲が徐々に下がっているといった場合，「ノートがとれない子」ではなく「聞きながらメモをする力」に課題

表 2-8　WISC-ⅣとWAIS-Ⅳにおける指標得点と主訴・主問題
（ごく一部のサンプル）

| 指標得点 | 解釈<br>（測定している能力，影響因）<br>【問題の原因】 | 左記能力が弱い場合に<br>日常生活で存在し得る主訴・主問題 |
|---|---|---|
| ワーキングメモリー指標（WMI） | ①聴覚ワーキングメモリー | ・聞き間違い，聞き返し，聞きもらし等，聞くことに関するトラブルが目立つ。口頭指示されたことを忘れる。口頭指示をその場で復唱しても，正しく復唱できない。<br>・会話の話題を忘れ，脱線しやすい。<br>・妨害，雑音，騒音に弱い。集中できなくなる。注意散漫。 |
| | ②音韻情報処理（読み書きの基礎）［WAIS-Ⅳでは検出不能］ | ・（初見の文章で）音読がたどたどしい（非流暢）。<br>・音読が流暢でも，単語や，文末の微妙な誤読が目立つ。<br>・音読に上記の問題があると，読解力も低くなる。読解問題が苦手。 |

があるかもしれない，といったように変換する。同様に「時間にルーズ」であることが主問題であった場合，それを「先を予想する力」に変換する。心理検査場面でも，通常の心理支援で行っているような，わかりやすい表現を用いたい。

## Ⅴ. まとめ

　知能検査は，それを有効に使いこなせば，他の検査バッテリーとともに，対象者への心理支援において具体的な提案ができる有用な媒介ツールである。何よりも知能検査に限らず臨床心理検査は，自己理解に極めて有用である。例えば「あなたは××です」と分類されたとしても，どうしたらよいかは，別の問題である。原因となるメカニズムがわかり，それへの対応がわかれば，対象者本人も家族も，臨床心理検査を受ける過程そのものとフィードバックにおいて，エンパワーされる。臨床心理検査は心理支援とタイアップしている。それゆえ，心理支援の専門家は，知能検査を含めた臨床心理検査を決して粗雑に扱わない。

**【引用文献】**

大六一志（2015）知的水準・認知特徴のアセスメント．柘植雅義・黒田美保（編著）これからの発達障害のアセスメント——支援の一歩となるために．金子書房，39-47．

大六一志（2016）CHC（Cattell-Horn-Carroll）理論と知能検査・認知検査——結果解釈のために必要な知能理論の知識．LD 研究，**25**(2)，209-215．

大六一志（2019）知能検査．野島一彦・繁桝算男（監修），津川律子・遠藤裕乃（編）公認心理師の基礎と実践 14 心理的アセスメント．遠見書房，109-120．

大六一志（2022）ウェクスラー式知能検査（WAIS，WISC，WPPSI）．サトウタツヤ・鈴木朋子（編）ワードマップ 心理検査マッピング——全体像をつかみ，臨床に活かす．新曜社，131-135．

Flanagan, D. P., Ortiz, S. O., & Alfonso, V. C. (2013) *Essentials of cross-battery assessment, 3rd edition.* John Wily and Sons.

Flanagan, D. P. & McDonough, E. M. (2018) *Contemporary Intellectual Assessment: Theories, Tests, and Issues.* Guilford Publications.

Kaufman, A. S. & Kaufman, N. L.（著），日本版 KABC-II 制作委員会（訳編）（2013）日本版 KABC-II マニュアル．丸善出版．

巻口恵理子・北村博幸・三上清和（2022）XBA アプローチに基づくアセスメントの現状と課題．北海道教育大学紀要．教育科学編，**75**(2)，89-102．

中村淳子・大川一郎（2003）田中ビネー知能検査開発の歴史．立命館人間科学研究，**6**，93-111．

中野善達・大沢正子（1982）知能の発達と評価．福村出版．

日本版 WAIS-IV刊行委員会（2018）日本版 WAIS-IV知能検査 実施・採点マニュアル．日本文化科学社．

日本版 WISC-V刊行委員会（2021）日本版 WISC-V知能検査 実施・採点マニュアル．日本文化科学社．

日本版 WISC-V刊行委員会（2022）日本版 WISC-V知能検査 理論・解釈マニュアル．日本文化科学社．

日本版 WPPSI-III刊行委員会（2017）日本版 WPPSI-III知能検査 実施・採点マニュアル．日本文化科学社．

高橋依子・津川律子（2015）臨床心理検査とは．高橋依子・津川律子（編）臨床心理検査バッテリーの実際．遠見書房，11-25．

財団法人 日本田中教育研究所（2003a）田中ビネー知能検査V 実施マニュアル．

財団法人 日本田中教育研究所（2003b）田中ビネー知能検査V 理論マニュアル．

＊本稿完成にご協力を賜った石隈利紀先生（東京成徳大学）に記して感謝申し上げたい．

# I. はじめに

人の発達は遺伝によって規定されるだけでなく，環境の影響も受ける。そのため，子どもの発達に何らかの心配がある場合，早期に発達の状態を把握し適切な介入を行うことで，生活上の適応を促すことが期待できる。また，生活場面での適応を重視することは結果的に発達を促進することにつながると考えられている。このような観点から様々な発達検査が開発され，改良されてきたといえる。

発達検査では，運動面や認知面，言語面，社会性など複数の領域について，各年齢段階で発達の目安とされる行動や反応がみられるかを調べることにより，領域ごとの発達水準を判定する。評価の方法として，保護者や保育者など対象者の身近な人が記入する質問紙法や身近な人から日常の様子を専門家が聞き取る面接法，対象者に何らかの課題を与えて反応を直接評価する個別観察検査法，その両方を併用した方法などがある（**表 3-1**）。

質問紙法や面接法は特別な用具を使わず，短時間で実施可能であることから，発達スクリーニングとして用いるのに適している。公刊されているものとしては，KIDS 乳幼児発達スケール（大村ら，1989），乳幼児精神発達診断法（津守・稲毛，1961; 津守・磯部，1965; 津守・稲毛，1995），日本語版 ASQ-3 乳幼児発達検査スクリーニング質問紙（J-ASQ-3）（橋本ら，2021）などがある。とくに J-ASQ-3 は，アメリカ合衆国で開発された発達スクリーニング検査である Ages and Stages Questionnaires（ASQ: エーエスキュー）の第 3 版をもとに日本で開発され，2021 年 10 月に公刊された新しいものである。環境省による「子どもの健康と環境に関する全国調査（エコチル調査）」のパイロット調査から日本における基準値が設定さ

表 3-1　主な発達検査

| 検査名 | 対象年齢帯 | 実施法 | わかること | 実施時間 |
|---|---|---|---|---|
| KIDS 乳幼児発達スケール | 0歳1カ月〜6歳11カ月 | 養育者・保育者記入の質問紙，または聴取 | 総合および領域（運動・操作，理解言語，表出言語，概念，対子ども社会性，対成人社会性，しつけ，食事）の発達プロフィール，発達年齢，発達指数 | 10〜15分 |
| 津守・稲毛式乳幼児精神発達診断法 | 0〜7歳 | 養育者・保育者の面接聴取 | 運動，探索・操作，社会（おとなとの相互交渉・子どもとの相互交渉），食事・排泄・生活習慣，理解・言語の5領域9項目の発達年齢，発達プロフィール | 20分 |
| 日本語版ASQ-3 乳幼児発達検査スクリーニング質問紙 | 6〜60カ月 | 養育者・保育者記入の質問紙 | コミュニケーション，粗大運動，微細運動，問題解決，個人・社会の5領域について「正常範囲」「観察を要する」「専門家による詳細な評価を要する」の3段階で評価 | 10〜15分 |
| 新版K式発達検査2020 | 0歳3カ月〜成人 | 個別直接観察 | 姿勢・運動，認知・適応，言語・社会，および全領域の発達年齢，発達指数，発達プロフィール | 30〜90分 |
| Bayley-III 乳幼児発達検査 | 1〜42カ月 | 個別直接観察と養育者記入の質問紙 | 認知，言語（受容言語・表出言語），運動（微細運動・粗大運動）および社会−情動質問紙と適応行動質問紙の結果から合成得点，パーセンタイル，発達プロフィール | 50〜90分 |
| 遠城寺式乳幼児分析的発達検査法 | 0〜4歳8カ月 | 個別直接観察と聴取 | 移動運動，手の運動，基本的習慣，対人関係，発語，言語理解の各発達年齢，発達プロフィール | 15分 |

れている。質問紙は，生後 6，12，18，24，30，36，42，48，54，60カ月の10種類で，コミュニケーション，粗大運動，微細運動，問題解決，個人・社会の5領域について，それぞれの合計点とカットオフ値を比較することで，発達の進み具合が評価できる。

　質問紙法や面接法は，簡便であるだけでなく，保護者や保育者など身近な支援者から得られた情報をもとに評価を行うため，結果を回答者と共有しやすい。また，回答者の子ども理解の様子を知ることができる。一方で，必ずしも十分な情報が得られるとは限らない，回答者の主観的な評価が入り込む，といったデメリットがある。

　個別観察検査法は，検査の手続きや用具が定められており，実施に習熟した専門家が実施するもので，発達の精密検査として用いられる。個別の発達検査としては，新版 K 式発達検査®（Kyoto Scale of Psychological Development）や Bayley-Ⅲ乳幼児発達検査第 3 版などがある。新版 K 式発達検査は日本で開発・標準化された検査で，先述のエコチル調査における 2 歳児，4 歳児の発達評価にも用いられた。最新版は「2020 年版」である（新版 K 式発達検査研究会，2020a）。一方，Bayley-Ⅲ乳幼児発達検査は，アメリカの心理学者ベイリー博士（Nancy Bayley）によって開発されたベイリー発達検査の改訂版（Bayley Scales of Infant & Toddler Development-Ⅲ; 2006）であり，日本版の公刊作業が行われているところである（中澤，2016）。適用年齢は 1 ～ 42 カ月で，認知 91 項目，言語（表出言語 47 項目・受容言語 47 項目），運動（粗大運動 72 項目・微細運動 66 項目）の 5 領域にわたって計 323 項目がある。Bayley-Ⅲ乳幼児発達検査では，保護者用の社会－情動質問紙（35 項目）および適応行動尺度（コミュニケーション，近隣・公共，健康・安全，遊び，基本的生活習慣，自律性，学業レディネス，家庭生活，社会，運動の 10 領域 241 項目）も併せて実施することで総合的な評価ができるようになっている。日本で標準化が行われており，国際的に使用されている検査であるが，残念ながら本書執筆（2021 年度末）時点で未公刊である。そこで，本稿では新版 K 式発達検査 2020 について取り上げ，詳しく解説を行う。

　なお，面接法と個別観察検査法を組み合わせて評価を行う発達検査には，遠城寺式乳幼児分析的発達検査法（遠城寺ら，2009）がある。比較的簡便に実施でき，発達スクリーニングとしても適用できるよう工夫されている。

## II．新版 K 式発達検査 2020 の特徴

　新版 K 式発達検査（以下，新 K 式検査）は，1983 年の公刊以来，2001
年版，2020 年版と約 20 年ごとに改訂されているが，検査の構造や方法に
ついては継承されている。改訂における主な目的は，標準化資料を刷新し尺
度を作成し直すことと，検査項目の内容を時代に合ったものに改めることで
ある。ここでは，新 K 式検査の構造や基本的な考え方などについてまとめ
たうえで，2020 年版の主要な変更点について述べることにする。

　新 K 式検査は，1951 年に嶋津峯眞，生澤雅夫らによって開発された K
式発達検査の新しい版であり，ビネー（Binet, A.）やゲゼル（Gesell, A.）
らの先行研究をもとに，日本の子どもの発達を評価する検査として開発され
たものである（生澤・松下・中瀬，1985）。対象年齢は 0 歳から成人までで，
対象者の年齢に応じた多種多様な検査項目が用意されている。例えば，乳幼
児向けの項目では，積木やガラガラなど日常的で馴染みのある用具が用いら
れている。所要時間は，乳幼児であれば 30 分程度，成人であれば 90 分程
度である。各検査項目は，姿勢・運動（Postural-Motor Area，P-M と
略記），認知・適応（Cognitive-Adaptive Area，C-A と略記），言語・
社会（Language-Social Area，L-S と略記）の 3 領域に，通過率が
50% となる（ある生活年齢の対象者のうち，その半数が反応基準を満たす）
年齢級に，発達の同じ側面を測定していると考えられる項目が隣接するよう
配列されている（**図 3-1**）。検査は，生活年齢，または推定される発達年齢
周辺の項目から実施し，反応の様子を観ながら進めていく。対象者の反応が
通過基準に合致していれば，検査用紙上に「＋」（通過），合致していなけれ
ば「－」（不通過）と記録し，通過領域と不通過領域を分ける境界線（プロ
フィール）を引くことができれば検査終了となる。検査得点を発達年齢に換
算することで，各領域と全領域の発達年齢が得られる。また，検査用紙に描
かれたプロフィールにより，精神発達の様々な側面にわたる進みや遅れ，あ
るいは偏りなどの個人内差を視覚的に把握することができる。

　新 K 式検査では，発達年齢（Developmental Age: DA）を生活年齢

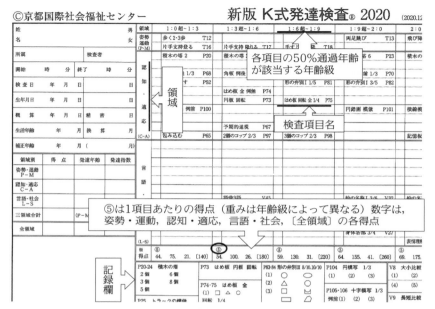

**図 3-1　新版 K 式発達検査 2020 の検査用紙の一部**
（京都国際社会福祉センターより許可を得て掲載）

（Chronological Age: CA）で割った比により発達指数（Developmental Quotient: DQ）が算出される（比 DQ と呼ぶ）。年長児に実施する場合は、生活年齢を補正年齢に変換することで理論上は成人まで適用できるよう工夫されている。

　最新の 2020 年版（以下、新 K 式検査 2020）における主な変更点は大きく次の 2 点にまとめられる。ひとつは、幼児期の他者認識や対人社会性の発達をより丁寧に調べるために、複数の課題が新設されたことである（新版 K 式発達検査研究会、2020b）。具体的な検査項目としては、言語指示に従って提示物を検査者に手渡せるかを調べる「指示への応答」、検査者の模倣をして見立て遊びができるかを調べる「人形あそび」、じゃんけんの手の形の理解や勝ち判断、負け判断を調べる「じゃんけん I, II, III」、複数の絵カードの状況を推理し、時系列に並べることができるかを調べる「絵並

べ 2/3，3/3」である。これらの項目が新設された背景には，就学前集団において運動発達や知識の獲得に遅れはないが，集団生活にうまく適応できない子どもの相談が増えているという問題がある。相談待機を解消するためにひとつの検査でより多面的な評価ができるよう工夫されたのである。

　もうひとつは，偏差 DQ の導入である。従来，年少児の発達評価では，対象者の発達がどの年齢水準に相当するかといった観点から比 DQ という値が利用されることが多かった。これに対し，偏差 DQ は対象者の知能水準が同年齢集団の平均値からどの程度離れているかという観点から算出される。新 K 式検査 2020 では，生活年齢および発達年齢がともに 14 歳を超える場合は偏差 DQ を用いるよう変更された。これには，発達障害概念の広がりに伴い，療育手帳の判定などで成人にも新 K 式検査が適用されることが増えてきたことが影響している。年少児の場合は発達水準を発達年齢でとらえるほうが教育的支援の必要性を理解しやすい。しかしながら，成人の発達評価では，発達年齢をもとにした比 DQ よりも，同年齢集団における相対的な位置を示す偏差 DQ を用いるほうが支援に役立つと考えられる。この変更に伴い，認知・適応領域に 6 項目，言語・社会領域に 3 項目の計 9 項目が新設された。

　経過観察などで新 K 式検査 2020 と新 K 式検査 2001 のいずれを実施するか迷う場合に備え，標準化資料と自閉症スペクトラム幼児 43 名の検査結果をもとにそれぞれの換算表で算出した比 DQ を比較したところ，いずれの領域においても大きな差はなく，高い相関がみられることが確かめられている（新版K式発達検査研究会，2020b; 田中ら，2022）。

## Ⅲ．臨床での実際の使い方

　新 K 式検査 2020 は，乳幼児の発達相談，保育所・幼稚園における巡回相談，就学相談，療育手帳の交付判定，青年期・成人期の生活支援や就労支援などにおいて広く活用されている。

　実施間隔については，少なくとも各検査用紙に示されている該当年齢幅に応じた間隔を開けることが推奨される。具体的には，1 歳以下では 1 カ月，

1 歳超から 3 歳以下では 3 カ月，3 歳超から 7 歳以下では 6 カ月を少なくとも開けて実施するほうが，発達的変化が検査結果に反映されやすい。

　新 K 式検査は領域ごとの発達年齢が算出できることや，発達の個人内差を視覚的に把握できることが大きな利点である。しかし，臨床的な支援を考えるうえでは発達検査結果の情報だけでは不十分である。検査を受けることになった経緯や成育歴などを可能なかぎり確認し，適切なテスト・バッテリーを組むことが推奨される。適応状態を調べる Vineland-II [*1] やASEBA [*2]，S-M 社会生活能力検査第 3 版，あるいは発達障害の特性を調べる発達障害の要支援度評価尺度（MSPA [*3]）などを合わせることで，対象者の理解が深まるだろう。

　実施上の注意として，事前に検査の目的やおおよその所要時間，検査でわかることなどについての説明を行い，信頼関係を築くよう努める。乳幼児を対象に実施する場合は，人見知りや場所見知りのために拒否を示すこともあるので，不安を取り除き，楽しいやりとり遊びのような場面になるよう配慮する。どうしても反応が得られない項目は「無反応」（不通過として扱う）とする。通過・不通過だけでなく，個々の検査項目に対する反応の様子をできるだけ詳細に記録することで，対象者の理解に役立てることができる。

　聴覚障害や視覚障害，運動障害のある対象者の発達評価については，本来ならばその障害種別に応じた検査が実施されるべきである。しかし，種々の事情から，新 K 式検査が用いられることも少なくない。その場合は実施可能な項目からおおよその発達水準をつかむようにし，実施が困難な項目について推定で判定することは避けるべきである。また，年長者に実施する場合は，教示や課題内容が生活年齢に見合っているかといったことへの配慮が求められる。

---

[*1] 　Vineland Adaptive Behavior Scales, Second Edition（ヴァインランド・ツー／ヴァインランド適応行動尺度第 2 版）

[*2] 　Achenbach System of Empirically Based Assessment（アセバ）

[*3] 　Multi-dimensional Scale for PDD and ADHD（エムスパ）

## Ⅳ．フィードバックの仕方

　発達検査の結果を伝える際には，検査の目的を踏まえ，聴き手の要望に応じることが重要である。例えば，発達相談では，全領域や領域ごとの発達年齢に加え，各領域の上限や下限の項目から得意な面や苦手な面に関する情報，領域を超えた項目間で関連する反応の特徴など，可能なかぎり具体的に伝え，日常生活での手立てに結びつけられるよう助言する。保護者や関係者が個々の検査項目の出来不出来にとらわれ，直接的な検査項目のトレーニングといった短絡的な支援方法にならないよう留意する。また，就学相談では，どのような学びの場が力を発揮しやすいかについての判断材料を提示することが望まれる。これには，不通過項目の内容分析が役に立つだろう。例えば，検査場面で徐々に注意集中が困難になり，不注意な誤りが目立つようになった場合は，教室での座席の位置に配慮する，簡潔な言語指示を用いる，課題をスモールステップで提示する，などの支援が求められるかもしれない。保護者や関係者など心理の専門家以外の人に検査結果を正しく理解してもらうために，専門用語ではなく，平易なことばで説明することを心がける。検査課題と日常場面の様子を結びつけて捉えてもらえることが目標となるだろう。一方で，検査の詳細な内容が流出しないよう注意することも忘れてはならない。

## Ⅴ．まとめ

　発達検査は一般的な子どもの平均的な発達を基準として尺度化されている。したがって，質問紙法，面接法であろうが，個別観察検査法であろうが，公刊から年月が経っている検査の場合，現在の子どもの生活に合わない項目が含まれているおそれがある。また，過去の子どもの発達を基準に現代の子どもの発達を評価することになるかもしれない。臨床的な活用において，検査者は検査の在り方を十分に理解し，正しく実施することが重要である。

**【引用文献】**

Bayley, N. (2006) *Bayley scales of infant and toddler development, (Third edition)*. Psychorp.

遠城寺宗徳・合屋長英・黒川　徹・名和顕子・南部由美子・篠原　忍・梁井　昇・梁井迪子（2009）遠城寺式・乳幼児分析的発達検査法　九州大学小児科改訂新装版．慶応義塾大学出版会．

橋本圭司・青木瑛佳・目澤秀俊・中山祥嗣（2021）日本語版 ASQ-3 乳幼児発達検査スクリーニング質問紙．医学書院．

生澤雅夫・松下　裕・中瀬　惇（編著）（1985）新版 K 式発達検査法．ナカニシヤ出版．

中澤　潤（2016）Bayley-Ⅲ乳幼児発達検査．尾崎康子・三宅篤子（編）知っておきたい発達障害のアセスメント．ミネルヴァ書房，34-39．

大村政男・高嶋正士・山内　茂・橋本泰子（編）（1989）KIDS 乳幼児発達スケール．公益財団法人　発達科学研究教育センター．

新版K式発達検査研究会（編）（2020a）新版 K 式発達検査 2020 実施手引書．社会福祉法人　京都国際社会福祉協力会　京都国際社会福祉センター発達研究所．

新版K式発達検査研究会（編）（2020b）新版 K 式発達検査 2020 解説書――理論と解釈．社会福祉法人　京都国際社会福祉協力会　京都国際社会福祉センター発達研究所．

田中　駿・中市　悠・家森百合子・岩見美香・清水里美・郷間英世（2022）自閉症スペクトラム幼児の新版 K 式発達検査 2001 と新版 K 式発達検査 2020 の DQ の比較．京都国際社会福祉センター紀要　発達・療育研究，**37**, 3-8．

津守　真・稲毛教子（1961）乳幼児精神発達診断法　0 才〜3 才まで．大日本図書．

津守　真・稲毛教子（1995）増補　乳幼児精神発達診断法　0 才〜3 才まで．大日本図書．

津守　真・磯部景子（1965）乳幼児精神発達診断法　3 才〜7 才まで．大日本図書．

# 4章 発達障害関連の検査

稲田尚子

## I．はじめに

　かつて，わが国の臨床現場では，発達障害の心理学的アセスメントといえば，知能検査や発達検査*1 を実施するのみであったが，現在ではようやく発達障害特性をアセスメントするための検査が普及しつつあるといえるだろう。知能検査や発達検査は，発達障害を多面的にアセスメントするために不可欠な検査のひとつであるが，決してそれのみに頼ってはならない。日本は，発達障害特性をアセスメントするためのツールの整備が欧米と比べて著しく遅れ，その結果，知能検査や発達検査のみを実施せざるを得なかった時代が長く続いてきた。しかしながら，2023 年の現在では，グローバルスタンダードとされている標準化された検査がようやく一般の臨床現場で使える段階にきているのである。今後は多面的なアセスメントのためのテスト・バッテリーの考え方がますます普及し，発達障害のある人や子どもが，日本全国どこの臨床現場でも多面的なアセスメントを受けられるようになることを願って，自閉スペクトラム症（Autism Spectrum Disorder: ASD）と注意欠如・多動症（Attention Deficit/Hyperactivity Disorder: ADHD）を中心に，その特性を調べるアセスメントツールを紹介していく。

## 1．自閉スペクトラム症（ASD）特性のアセスメント

　ASD に特化したアセスメントは，大きくスクリーニング（一次と二次）と診断・評価のレベルに分かれる。一次スクリーニングとは，障害にまだ気

---

*1　本稿では，発達検査とは，いわゆる発達指数を算出することができ，全般的な発達水準をアセスメントするための新版 K 式発達検査®︎ などの発達検査を指し，ASD や ADHD などの発達障害特性をアセスメントするための検査とは区別して用いていく。

づかれていない一般集団（例：乳幼児健康診査）の中から ASD のリスクがある人を見つけるプロセスである。一次スクリーニングでは，実施の簡便さを優先させるため，質問紙が多く用いられ，M-CHAT（Modified Checklist for Autism in Toddlers：エムチャット／乳幼児期自閉症チェックリスト修正版）および ASSQ（Autism Spectrum Screening Questionnaire：エーエスエスキュー／自閉症スペクトラム・スクリーニング質問紙）がある。二次スクリーニングとは，何らかの障害のリスクが疑われた集団（例：医療／教育相談機関等の受診者）の中から ASD のリスクのある人を見つけるプロセスである。この段階では，質問紙，保護者面接，行動観察など多様な方法が用いられる。

　二次スクリーニング目的で使用する質問紙には，SCQ（Social Communication Questionnaire：エスシーキュー／対人コミュニケーション質問紙），AQ（Autism-Spectrum Quotient：エーキュー／自閉症スペクトラム指数），SRS-2（Social Responsiveness Scale-Second Edition：エスアールエス・ツー／対人応答性尺度第 2 版）がある。保護者面接尺度には，PARS®-TR（Parent-interview ASD Rating Scale-Text Revision：パース・ティーアール／親面接式自閉スペクトラム症評定尺度テキスト改訂版）がある。

　ASD の診断・評価の段階では，保護者面接および対象の直接行動観察を含めた多角的なアセスメントが推奨されており，そのため質問紙のみを用いることは決してない。対象の発達歴および現在症を尋ねる保護者面接尺度には，ADI-R（Autism Diagnostic Interview-Revised：エーディーアイアール／自閉症診断面接改訂版）および DISCO-11（The Diagnostic Interview for Social and Communication disorders-Eleven Edition：ディスコ・イレブン）があり，行動観察尺度には，ADOS-2（Autism Diagnostic Observation Schedule Second Edition：エイドス・ツー／自閉症診断観察検査第 2 版），CARS2（Childhood Autism Rating Scale-Second Edition：カーズ・ツー／小児自閉症評定尺度第 2 版）がある。ADI-R と ADOS-2 は，ASD 診断・評価のゴールドスタンダードとされている。ASD のアセスメントツールに関して，名称，対象年齢，回答者，

表 4-1　ASD のアセスメントツール

| 使用目的 | 検査名 | 対象年齢帯 | 回答者 | 実施法 | 実施時間 | 評定項目数 | 評定方法 |
|---|---|---|---|---|---|---|---|
| 一次スクリーニング | M-CHAT | 16～30カ月 | 保護者 | 第1段階：質問紙／第2段階：面接 | 約10分／約20分 | 23項目 | 2件法 |
| | ASSQ | 7～16歳 | 保護者/教師 | 質問紙 | 約10分 | 27項目 | 3件法 |
| 二次スクリーニング | SCQ | 4歳0カ月～ | 保護者 | 質問紙（「誕生から今まで」／「現在」） | 約10分 | 40項目 | 2件法 |
| | AQ | 児童用7～15歳；成人用16歳～ | 保護者 | 質問紙 | 約10分 | 50項目 | 4件法 |
| | SRS-2 | 2歳6カ月～18歳 | 保護者/教師 | 質問紙 | 約15分 | 65項目 | 4件法 |
| | PARS-TR | 3歳0カ月～成人 | 保護者 | 面接 | 約60分 | 57項目 | 3件法 |
| 診断・評価 | ADI-R | 2歳0カ月～ | 保護者 | 面接 | 約90分 | 93項目 | 3～4段階 |
| | DISCO-11 | 乳幼児～成人 | 保護者 | 面接 | 約3時間 | 約300項目 | — |
| | ADOS-2 | 5モジュール：12カ月～成人 | 本人 | 面接 | 約60～90分 | 29～34項目 | 3～4段階 |
| | CARS2 | CARS2-ST：2歳以上／CARS2-HF：IQ80以上の6歳以上～成人 | 保護者＋本人 | 質問紙＋面接＋観察 | 約30分 | 質問紙36項目, 総合評価15項目 | 質問紙5件法, 総合評価7段階 |

表 4-2 ADHD のアセスメントツール

| 使用目的 | 検査名 | 対象年齢帯 | 回答者 | 実施法 | 実施時間 | 評定項目数 | 評定方法 |
|---|---|---|---|---|---|---|---|
| スクリーニング | ADHD-RS-IV | 5〜18歳 | 保護者/教師 | 質問紙 | 約10分 | 18項目 | 4件法 |
|  | ASRS-v1.1 | 18歳〜 | 本人 | 質問紙 | 約10〜15分 | パートA6項目、パートB12項目 | 5件法 |
| 診断・評価 | Conners 3 | 6〜18歳(本人用は8〜18歳) | 保護者/教師/本人 | 質問紙 | 約20分 | 保護者110項目、教師115項目、本人99項目 | 4件法 |
|  | CAARS | 18歳〜 | 本人/観察者 | 質問紙 | 約15〜30分 | 各66項目 | 4件法 |
|  | DIVA2.0 | 18歳〜 | 本人(および保護者・パートナー) | 半構造化面接 | 約60〜90分 | 不注意9項目、多動性・衝動性9項目、および症状から引き起こされる機能障害6項目 | 小児期と成人期で自覚症状の有無および具体例 |
|  | CAADID | 18歳〜 | 本人 | パートI(生活歴)式質問紙+半構造化面接 パートII(診断基準):半構造化面接 | 各パート約60〜90分 | パートI パートII | 2件法および自由記述 問題症状について回答 |

形式，所要時間等を表にまとめたので参照されたい（**表 4-1**）。

## 2.　注意欠如・多動症（ADHD）特性のアセスメント

　現在，わが国で ADHD に特化したアセスメントツールとして，幼児期後期〜青年期前期を対象としたものでは，ADHD-RS-Ⅳ（ADHD-Rating Scale-Ⅳ：エーディーエイチディー・アールエス・フォー／ ADHD 評価スケール）と Conners 3（Conners 3rd Edition: コナーズ・スリー／ Conners 3 DSM-5 対応）がある。成人期に使用できるものは，スクリーニングでは ASRS-v1.1（Adult ADHD Self Report Scale: エーエスアールエス／成人期 ADHD の自己記入式症状チェックリスト），診断・評価尺度では，CAADID（Conners' Adult ADHD Diagnostic Interview for DSM-Ⅳ：カーディッド／コナーズ成人 ADHD 診断面接），DIVA2.0（Diagnostisch Interview Voor ADHD: ディーバ・ツー／成人用 ADHD 診断面接）があり，質問紙である CAARS（Conners' Adult ADHD Rating Scales: カーズ／コナーズ成人 ADHD 評価スケール）は重症度評定に使用できる。ADHD のアセスメントツールは，表にまとめたので参照されたい（**表 4-2**）。

## Ⅱ.　代表的な検査の特徴

### 1.　ASD のスクリーニング検査の特徴

　M-CHAT（Robins et al., 1999）は，16 〜 30 カ月に使用でき，全 23 項目から構成される。M-CHAT は，スクリーニングの第 1 段階として保護者に質問紙を実施し，第 2 段階として 1 〜 2 カ月後に電話面接を実施する方式である。この時期の発達スピードは個人差が大きく，ある行動が 1 〜 2 カ月後には到達されていることも多いので，M-CHAT を用いたスクリーニングは，2 段階になっていることに留意が必要である。日本では 1 歳 6 カ月健康診査等の問診票に第 1 段階スクリーニングとして全 23 項目あるいは一部の項目を導入し，第 2 段階スクリーニングとして 1 〜 2 カ月後の電話面接を行っている自治体も増えてきている。

ASSQ（Ehlers, Gillberg, & Wing, 1999）は，7 ～ 16 歳に使用でき，全 27 項目 3 件法（該当，多少該当，非該当）の質問紙である。知的障害を伴わない通所学級に在籍する ASD 児のスクリーニングのために開発されているため，特別支援学級，特別支援学校等に在籍する児童生徒への使用は適さない。

SCQ（Rutter et al., 2003）は，生活年齢 4 歳以上（精神年齢 2 歳以上）を対象として，ASD 特性に関する 40 項目から構成される質問紙である。「誕生から今まで」と「現在」の 2 つのバージョンがあり，スクリーニング目的で使用するのは「誕生から今まで」であり，誕生から今までのすべての期間，あるいは ASD 症状が最も顕在化する 4 歳 0 カ月から 5 歳 0 カ月までの 12 カ月間に焦点を当て，「はい・いいえ」の 2 件法で保護者が回答する。

AQ（Baron-Cohen et al., 2001）は，成人用（16 歳以上の知的障害のない青年・成人対象）と児童用（7 ～ 15 歳）があり，自閉症の主兆候や認知特性を評価する質問紙である。成人用は本人が回答し，児童用は保護者が回答する。全 50 項目から構成され，社会的スキル，注意の切り替え，細部への注意，コミュニケーション，想像力の 5 つの下位尺度に分かれる。

SRS-2（Constantino & Gruber, 2011）は，ASD に特徴的な双方向的な対人コミュニケーション行動およびこだわり行動を評定する質問紙である。SRS3 歳児用（2 歳 6 カ月～ 4 歳 6 カ月），SRS 学齢期用（4 ～ 18 歳）がある。いずれも全 65 項目から成り，5 つの治療下位尺度（社会的気づき，社会的認知，社会的コミュニケーション，社会的動機づけ，興味の限局と反復行動）に分類され，4 件法で回答する。得点が高いほど，ASD 症状が重度であることを示す。

PARS-TR（一般社団法人 発達障害支援のための評価研究会，2013/2018）は，日本オリジナルの保護者面接尺度であり，3 歳から成人まで使用できる。全 57 項目から構成され，年齢や発達による症状を考慮して，3 つのライフステージ別に，幼児期 34 項目，児童期 33 項目，思春期・成人期 33 項目に分けられている（一部共通の項目がある）。年齢帯に応じて，幼児期の症状が最も重かった時期（ピーク評定）および現在の行動について 3 段階で評定する。いずれの年齢帯の得点もスクリーニングに使

用できるが，最もスクリーニングの精度が高いのはピーク評定である。PARS-TR は各年齢帯 12 項目から構成される短縮版がある。

## 2. SCQ，AQ，SRS-2 の相違点

　ASD の二次スクリーニングで使用できる質問紙には，SCQ，AQ，SRS-2 があるが，どう使い分けるとよいのだろうか。対象年齢が少しずつ異なるため，年齢に留意することは当然である。また，検査の開発の歴史を紐解くと違いが見えてくる。SCQ は，これらのなかでは最も古くに開発され，現在の症状だけでなく，4 〜 5 歳の 1 年間に焦点を当て，発達早期の状況も把握できるよう質問紙が 2 バージョン（「誕生から今まで」と「現在」）ある。筆者が知るかぎり，ASD の二次スクリーニング尺度として，過去のことをたずねる質問紙は，SCQ のみである。

　AQ は，それまでのカテゴリカルな ASD 概念から脱却して，ASD は定型発達との連続線上にあるディメンジョナルな概念であることがエビデンスとして初めて示された（Baron-Cohen et al., 2001），画期的な尺度である。その後 SRS が開発され，診断の有無に関係なく自閉症的特性の程度はなめらかに連続し，自閉症的特性のある子どもと特性のない子どもとの間に明確な境界線はないことが報告された（Constantino et al., 2003）。SCQ はスクリーニング目的に開発されているが，AQ や SRS-2 は，定型発達との連続線上に自閉症的特性のある人がいることを想定し，とりわけ SRS-2 は，症状程度を把握するために開発された検査であり，スクリーニングツールとしての使用は副次的なものである。そのため，SRS-2 は一般母集団を対象にデータ収集および標準化し，T 得点（平均が 50，標準偏差が 10 になるように変換された得点，偏差値と呼ばれることもある）などを求められるようにした上で，ASD 群と非 ASD 群の比較によりカットオフ値を決めている。他方，SCQ と AQ のカットオフ値は，ASD 群と非 ASD 群の比較のみによって決められている。SCQ のカットオフ算出のためのデータには，知的障害を伴う ASD のある子どもが多く含まれていたのに対し，AQ や SRS-2 のカットオフ算出には，知的障害を伴う ASD 児者はあまり含まれていないという対象の違いもある。筆者は，知的障害のない ASD の人に対

しては AQ や SRS-2 の使用を推奨し，知的障害がある ASD の人に対して，あるいは過去の発達歴を簡便に知りたい場合には SCQ の使用を推奨する。

　では，SRS-2 と児童用 AQ のように同じような年齢帯，同じような目的に使用できる尺度がある場合，どのように各質問紙の特徴を理解して，使い分ければよいだろうか。SRS-2 と児童用 AQ は，質問項目数は 65 項目と 50 項目と大きな差はないが，SRS-2 は，5 つの下位尺度のうち対人コミュニケーションに関するものが 4 つ（社会的気づき，社会的認知，社会的コミュニケーション，社会的動機づけ），こだわりに関するものが 1 つ（興味の限局と反復行動）あり，対人コミュニケーション行動を詳細に把握するために使用できる。児童用 AQ は，5 つの下位尺度のうち，対人コミュニケーションに関するものが 2 つ（社会的スキル，コミュニケーション），こだわりに関するものが 3 つ（注意の切り替え，細部への関心，想像力）ある。とりわけ注意の切り替えや細部への関心などの認知特性が反映された下位尺度もあるため，ASD 児者の認知特性も含めて把握したい場合に使用するとよいかもしれない。また，SRS-2 の合計得点は，男女別および評定者別（保護者，教師）に標準化され，T 得点が求められるため，T 得点が必要な場合の使用に適しているだろう。

## 3. ASD の診断・評価尺度の特徴

　ADI-R（Le Couteur, Lord, & Rutter, 2003）は，保護者への半構造化面接法であり，所要時間は 90 〜 150 分である。2 歳から成人までの対象に使用でき，発達早期および現在の行動特性や強みである能力など，DSM の診断基準に沿って対人コミュニケーション行動や反復的行動・限局した興味を中心に 93 項目について詳細に尋ね，3 〜 4 段階で評定する。面接の結果からは，診断の年齢依存性を考慮して作成された，「2 歳 0 カ月〜 3 歳 11 カ月」「4 歳 0 カ月以上」のいずれかの診断アルゴリズムを用いて，「ASD」「非 ASD」の診断分類が導かれる。他に，現在症アルゴリズムがあり，「2 歳 0 カ月〜 3 歳 11 カ月」「4 歳 0 カ月〜 9 歳 11 カ月」「10 歳 0 カ月以上」のいずれかを用いて，現在の症状程度を把握することができる。

　DISCO-11（Wing, 2006）は，保護者への半構造化面接法であり，所

要時間は約 3 時間である。乳幼児から成人まで使用できる。DISCO-11 は
ASD の診断根拠とする行動特性に限らず，ADHD や限局性学習症（Spe-
cific Learning Disorder: SLD）なども含めた幅広い発達や行動特性の評
定を行うことが特徴のひとつである。設問項目は約 300 あり，現在と過去
のピーク時について評定する。DISCO-11 は発達歴と現在症の記述および
支援プログラムの作成に必要な情報を系統的に得ることを目的としており，
ADI-R や ADOS-2 のような診断アルゴリズムは存在しない。しかしなが
ら，得られた情報を総合して DSM や ICD に照らし合わせて総合的な臨床
診断を行う。

　ADOS-2（Lord et al., 2012）は，本人の検査中の行動を直接観察する
検査である。5 つのモジュールがあり，年齢と言語水準に応じて使用するモ
ジュールを選択する（乳幼児モジュール＝無言語〜 1，2 語文レベルで 12
〜 30 カ月の子ども；モジュール 1 ＝無言語〜 1，2 語文レベルで 31 カ月
以上の子ども；モジュール 2 ＝動詞を含む 3 語文以上〜流暢に話さないレ
ベルの子ども；モジュール 3 ＝流暢に話すレベルの子ども／青年前期；モ
ジュール 4 ＝流暢に話すレベルの青年後期／成人）。所要時間は 40 〜 60
分である。あらかじめ決められた検査用具や質問項目を用いて，対人コミュ
ニケーション行動を最大限に引き出すように設定された半構造化面接を行い，
検査中の行動を直接観察する。3 〜 4 段階で評定した結果をもとに診断ア
ルゴリズムを用いて「自閉症」「自閉症スペクトラム」「非自閉症スペクトラ
ム」のいずれかに診断分類できる（乳幼児モジュールでは「懸念の程度」と
して「中度〜重度の懸念」「軽度〜中度の懸念」「ごくわずかな懸念〜懸念な
し」のいずれかに分類）。モジュール 1 〜 3 では，診断分類以外に，
ADOS-2 比較得点（得点範囲 1 〜 10）が求められる。これは，検査中に
観察された対象の全体的な ASD 症状の程度について，同じ生活年齢および
言語水準の ASD 児と比較する手段である。年齢や言語水準の影響をできる
かぎり除いて ASD 症状の重症度を把握することができる。

　ADOS-2 の場合，観察項目と評価項目が 1 対 1 で対応しておらず，観察
全体を通して行う評価もあるため，評価項目を熟知した上で，それらを念頭
に置きながら観察を実施する必要がある。被検者との相互的なやりとりや会

話がどの程度できるかも評価対象となるため，被検者の語りを傾聴するだけ
にとどまらず，やりとりや会話を展開させるような検査者からの働きかけが
求められる。また，被検者の自発的な行動を記録・評価するために，感情の
叙述や身ぶりなど必要以上にモデルを示さないように注意深く検査を実施す
る必要がある。ADOS-2 は，プレイフルな雰囲気で楽しく実施するため，
クライエントが楽しんで参加していればいるほど，そして心理支援の経験が
長い人ほど，次の活動課題に切り替えることに抵抗を感じるかもしれない。
しかしながら，ADOS-2 はプレイセラピーではなく，主に遊び場面を利用
したアセスメントであることに十分に留意していただきたい。一定の時間内
に検査をすべて実施するためには，観察するべき行動がある程度観察される，
あるいは観察されないことが把握された場合には，次の活動課題に適切に切
り替えていく必要がある。もちろん，ASD の特性上，活動を切り替えにく
いクライエントがいることも想定されるが，そこに配慮するあまりにひとつ
の活動が長くなりすぎることは避けなければならない。切り替えの難しさや
おもちゃ・活動への固執もまたアセスメントの対象なのである。

　CARS2（Schopler et al., 2010）は，旧来の CARS（Schopler et
al., 1980）に保護者用質問紙（Questionnaire for Parents or Caregiv-
ers: CARS2-QPC）と高機能版（CARS2-High-Functioning Individu-
als: CARS2-HF; 6 歳〜成人；IQ80 以上）が追加され，旧来の CARS は
CARS2-ST（CARS2-Standard Version: CARS2 標準版）と呼ばれる。
年齢と知的障害の程度によって CARS2-ST と CARS2-HF を使い分ける
ことができる。CARS2-QPC は，7 つのセクション 36 項目から成り，「問
題ない」「軽度から中度の問題」「重度の問題」「現在は問題ないが，過去に
問題があった」「わからない」の 5 件法で保護者が回答する。最後のセク
ション 7 には質問項目はなく，保護者が専門家に特に伝えたいことを自由
に記述できる欄となっている。CARS2-ST および CARS2-HF はいずれ
も 15 の評定項目から成り，CARS2-QPC の結果と行動観察を総合して，
各評定項目について行動の重症度を 7 段階で評定する。結果からは自閉症
かどうかを判断でき，さらに自閉症の重症度を評価することができる。
CARS2 は，観察する場面は特定されておらず，任意で決めることができる

が，評定項目を十分に判断するための情報を得るには，ある程度場面設定を考慮・計画したほうがよいだろう。また，評定には，対象の年齢相応の行動を熟知しておく必要がある。

　ADI-R および DISCO-11 は，保護者から重要かつ詳細な情報を得られる点が長所である反面，所要時間が長いのが短所である。保護者面接では，ADI-R との高い相関（Ito et al., 2012）が報告されている簡便な PARS-TR が使われやすい傾向にあるが，スクリーニング目的で開発されたツールであることを留意してほしい。保護者面接の実施の際には，本人の行動観察も別途行う必要があることは言うまでもない。標準化された手続きに基づく行動観察によって ASD 特性が評価できるツールは ADOS-2 以外になく，診断アルゴリズムが DSM-5 に準拠しており，所要時間も 40 ～ 60 分と比較的短い。検査を通して支援方針の策定に直接的かつ重要な情報が得られる点で，ADOS-2 は他のツールよりも使用を好まれる傾向にあるが，習熟に時間を要する。現在症の行動観察であるため，成育歴を含む生活全般での症状は保護者面接によって把握し，統合して臨床像を見立てていく必要がある。CARS2 は，保護者面接と行動観察の両方を実施し，統合的に個人の状態をアセスメントすることができるツールである。行動観察における検査用具，手続き等の指定はないため，いかに本人の状態を観察するかという点で工夫が必要になる。アセスメントツールの目的に応じて，適切にテスト・バッテリーを組む必要がある。

## 4. ADHD のアセスメントの特徴

　ADHD-RS（DuPaul et al., 1998）は，5 ～ 18 歳に使用できる，18問 4 件法の質問紙である。奇数番の項目が「不注意」，偶数番の項目が「多動・衝動性」を反映した質問で，それぞれの領域ごとに得点を合計し，判定する。カットオフ値は年齢帯，性別ごとに設定されている。

　ASRS-v1.1（Adler, Kessler, & Spencer, 2003）は，成人期のADHD のスクリーニングに使用される自己記入式の質問紙である。パートA の 6 項目とパート B の 12 項目の全 18 項目から成り，「全くない」から「非常に頻繁」までの 5 件法で評価する。スクリーニングに使用されるのは

パート A であり，症状の頻度が ADHD を予測する鋭敏さは質問項目によっ
て異なる。あらかじめ決められた回答の選択肢に 4 つ以上チェックがつい
ている場合に，成人期の ADHD に該当する症状をもっている可能性が示唆
され，さらなる診察やアセスメントを受ける必要がある。パート B は，対
象者の症状に関するさらなる情報を得ることができ，診察やアセスメントの
際に利用される。

　Conners 3 （Conners, 2008/2014）は，ADHD の中核症状である不
注意・多動性・衝動性，および併存する可能性の高い問題や障害を綿密に評
価する質問紙であり，6 〜 18 歳（本人用は 8 〜 18 歳）に使用できる。主
要因スケール，DSM-5 の症状スケール，DSM-5 の診断基準に基づく 4 ス
ケール，スクリーニング項目（ADHD に併存することの多い不安と抑うつ
を評価），危険性項目（問題行為の危険性を評価），妥当性スケールがあり，
保護者用 110 項目，教師用 115 項目，本人用 99 項目で構成される。

　CAARS （Conners, Erhardt, & Sparrow, 1998）は，ADHD の症状
程度を評価する質問紙である。18 歳以上の成人を対象に，「自己記入式」
と「観察者評価式」の 2 種類があり，DSM-IV （APA, 1994）の診断基準
を基に 8 下位尺度 66 項目の質問から構成されている。下位尺度は「不注意
/ 記憶の問題」「多動性 / 落ち着きのなさ」「衝動性 / 情緒不安定性」「自己
概念の問題」「DSM-IV 不注意型症状」「DSM-IV 多動性-衝動性型症状」
「DSM-IV 総合 ADHD 症状」「ADHD 指標」の 8 つである。年齢帯別およ
び男女別に標準化されており，T 得点で表される。得点が高いほど症状が重
症であることを表す。利点はやはり簡便さと症状程度が数量化できる点にあ
るが，自己記入式の場合，協力的でない対象者では回答の信頼性が損なわれ
る。その場合は，矛盾指標で判断するようになっている。

　CAADID （Epstein, Johnson, & Conners, 2001）は，成人期と小児
期の両方における症状によって ADHD を診断できるように構成されている
診断尺度である。成人の ADHD を診断する際には，現在の症状だけでなく，
子どものころに ADHD の症状があったかどうか確認する必要があるためで
ある。CAADID は，パート I とパート II に分かれており，パート I は，対
象者の家庭・学校・職場での様子や，成育歴，既往歴などの生活歴について，

「はい / いいえ」または自由記述で回答してもらう。「はい」（該当する）と回答した質問を中心に，臨床家は効率的に面接を進める。パートⅡは，成人期と小児期の両方において問題となる症状を臨床家との面接で回答してもらう。パートⅠとパートⅡの情報を総合して診断する。「障害」のレベルを特定する項目が設けられているため，この障害評定の定期的な利用により，対象者への治療効果を確認し，治療法の決定に役立てることができる。

　DIVA2.0（Kooij & Francken, 2010）は，成人の ADHD に対する構造化面接であり，小児期および成人期における ADHD の診断基準 18 項目それぞれの症状の有無と評価を簡易に行うことができる。また，日常生活における 5 つの領域（仕事 / 教育，恋愛関係 / 家族関係，社会的交流，余暇 / 趣味，そして自信 / 自己イメージ）でみられる症状と通常関連づけられる機能障害として典型的なものを例として示している。過去の情報や周辺情報を同時に確認するために，成人の場合，可能であれば，DIVA2.0 をパートナー・家族同伴で実施する。

　ASRS-v1.1 および ADHD-RS は，主にスクリーニング目的に使用される。質問紙である ADHD-RS, Conners 3, CAARS は，いずれも DSM の項目に対応する形で項目が作成されており，症状程度の評価に用いることができるため，特定のプログラムの効果判定の指標に用いられることも多い。Conners 3 および CAARS は，採点後に DSM に基づく診断スケールとしての得点が算出されることから，診断・評価尺度と位置づけられる。他方，質問紙であることを考慮し，臨床診断は包括的なアセスメントによってなされるべきであろう。成人期の診断・評価の面接尺度として，DIVA および CAADID がある。個人的には，DIVA2.0 は無料で，具体例も多いので使いやすいと感じるが，DSM-5 に対応して改訂された DIVA-5 は有料となっている。DIVA-5 の日本語版は完成間近であるため，翻訳の経過や使用条件を丁寧に確認していく必要がある。

## Ⅲ．臨床での実際の使い方

### 1．発達特性のアセスメントの前にまずは知的水準を把握する

　ASD は，知的障害を合併する場合としない場合があり，求められる対人コミュニケーションの水準は，年齢や知的水準によって変わってくる。ADHD の場合は，知的障害がないことが前提である。集団行動が難しい，会話が続かない，落ち着きがない，忘れ物が多いなど，ASD や ADHD 特性が疑われるエピソードが主訴であったとしても，的確な見立てのためには，まずは知的水準およびプロフィールの把握が肝要となる。通常学級に在籍していても軽度の知的障害や境界知能の場合があるので，知的水準に関するアセスメントを優先的に実施する。

### 2．発達歴と現在症両方のアセスメントを行う

　発達障害のアセスメントの場合，他の精神障害との鑑別も必要になってくることも少なくない。発達障害の特性に関しては，現在の症状だけでなく，その人の幼児期の発達歴に発達障害のエピソードが含まれているかどうかを確認する必要がある。見立てをするためには，現在の症状のアセスメントだけでなく，基本的には，成育歴の聴取を含めた保護者面接もセットで行う必要がある。

### 3．発達障害のアセスメントの基本的なテスト・バッテリー

　見立てと支援方針を検討するにあたり，基本のテスト・バッテリーは，発達・知的水準，発達特性，適応水準の 3 つの側面のアセスメントであろう。例えば ASD の場合は，発達検査または知能検査，PARS-TR，ADOS-2，Vineland-Ⅱ適応行動尺度*² を推奨する。追加的な検査としては，年齢や主訴によって異なるが，ライフステージを通じて，感覚面の問題，情緒と行

---

＊2　Vineland Adaptive Behavior Scales, Second Edition（ヴァインランド・ツー／ヴァインランド適応行動尺度第 2 版）

動の問題等（青年期・成人期には精神障害）のアセスメントが必要である場合が少なくないであろう。児童期には，他の発達障害の見立てが可能となる時期であり，併存もしやすいことから，必要に応じて ADHD，LD，発達性協調運動症（Developmental Coordination Disorder: DCD）等関連する発達障害特性のアセスメントを追加する場合も少なくない。なお，本稿では主に検査結果が数値で出てくる標準化されたフォーマルアセスメントのテスト・バッテリーを述べているが，本人の興味・関心，本人を取り巻く支援環境や社会資源などに関するインフォーマルアセスメントが欠かせないことは言うまでもない。

## Ⅳ．フィードバックの仕方

### 1．クライエントや家族のニーズ，発達障害についての理解を共有する

　フィードバック時の基本であるが，クライエントのニーズに沿った検査のフィードバックを行うため，まずは，どのようなことがわかればよいと思って検査を受けたのか，フィードバックで知りたいことはどのようなことかなど，検査やフィードバックへの期待をあらためて尋ねる。その中で，ASDや ADHD かどうかを知りたいと思っているという話が出てきたり，発達障害，ASD，ADHD に対するイメージを語られることもある。なかには，「普通」になるためにはどうすればよいのかと問われることがある。「普通」とはいったいどのような状態をさすのであろうか。この問いを話し合うためにはフィードバック面接だけでは難しく，その後の面接も必要になる場合も多いのだが，発達障害のある人の場合，発達の道筋がユニークであること，そして目指すべきは本人の生活が楽になることで，「普通」になることではないことを共有できるようなフィードバックを心がけたい。

### 2．各検査がどのような側面をみているのかを共有する

　テスト・バッテリーを組んで検査を実施した場合，それぞれの検査がどのような発達的側面をアセスメントしているのかを丁寧に説明する。例えば，

ASD の場合，発達・知的水準と ASD 特性は別の側面であり，経年的にアセスメントしている場合に，発達・知的水準は遅れがあるレベルから平均範囲に上昇したが，ASD の症状程度はあまり変化がない，ということも少なくない。そのアンバランスさに戸惑われる家族もいるが，人の発達は，知的水準，対人関係，注意，記憶，読み書き，運動など様々な側面から成り立っており，各検査がどの側面をアセスメントしているのか，また，その得られた結果が日常生活とどのようにつながっているのか，環境とのミスマッチがどのように起きているのかについて，例を挙げながら説明する必要があるだろう。

## 3．行動特性について両価的に捉える

　また，ASD 特性，ADHD 特性についてフィードバックする際に，筆者が心がけていることは，どのような特性もポジティブにもネガティブにも捉えることができる点を伝えることである。クライエントとその家族は，困りごとがあって来談されるため，どうしても特性をネガティブなものに捉えがちになっているように感じるが，本来，発達特性は，その人に環境がマッチすれば長所として発揮できることが多いのではないだろうか。例えば，一人でいることが多い場合，友人関係の構築や維持が難しい面もあるが，周りに流されない強い芯をもっている，とも捉えられる。変わったものに興味がある場合，それに集中しすぎて他の活動がおろそかになることがあるかもしれないが，それだけ興味があるものにこだわって集中力を発揮できる素敵な面があるのである。発達特性と環境とのマッチングで，生活に支障をきたしている場合に，本人のポジティブな側面をより引き出すことができる環境はどのようなところか，そしてその環境をどう整えていくのかについて，話し合うための土台を作っておく。

## 4．行動と認知特性との関連を伝え，対応を話し合う

　また，行動の背景には，ASD や ADHD の認知特性があり，まずは本人と周囲の人々がものごとの捉え方のスタイルを理解することが重要である。ASD の認知障害仮説として，心の理論の障害，実行機能障害，中枢性統合

の弱さがあり，ADHDの認知障害仮説として実行機能障害，三重経路モデルがあるとされている。これらの認知特性と日常での行動との関連を伝え，その認知特性を踏まえた上での具体的な対応策について話していく必要がある。

## 5．年齢に応じて支援の重点は変わることを共有する

　年齢によって，フィードバックの内容やポイントも変わってくる。成人の場合は，特性の自己理解を深めること，苦手な面を補うための小さな工夫（大きな工夫は長続きしないことが多い），合理的配慮について，力点をおいて伝える。子どもの場合は，年齢が小さければ小さいほど発達途上にあり，環境の影響を大きく受けるために，保護者の理解と対応および環境調整が鍵となる。本人が安心して生活し，本人の興味や関心を通して人と関わり合うための工夫について話し合っていく。

## 6．要約を箇条書きして渡す

　フィードバックの際には，検査結果の長い文書を見せながら口頭で説明するだけでなく，フィードバックの要点を紙に書いて渡すことにも留意したい。本人は，話の重要点がわかりにくいという認知特性を有している場合が多く，また家族も自閉症広域表現型（Broader Autism Phenotype: BAP）であることがしばしば認められるため，特性や対応の理解を促進するためには，本人だけでなく家族に対しても同じような対応をしたほうがよい場合が少なくない。

# Ⅴ．まとめ

　本稿では，ASDとADHDを中心に，その発達特性のアセスメントツールの内容と活用について述べてきた。これらの検査が現場でますます活用されていくことを願っている。他方，多面的アセスメントのためのテスト・バッテリーを組んだり，検査を実施できる現場で働いている読者ばかりではないだろう。医療分野では必要な検査が保険収載されていなかったり，教育

分野では学校での検査の実施が困難であったり，他の分野でも今回紹介して
きた検査を実施できる環境にない臨床家も少なくないと思われる。では，こ
れらの検査を実施できる環境になければ，学ぶ必要はないのであろうか。筆
者はそうは考えない。保護者面接や行動観察で実施される項目とその観点は，
発達障害特性のアセスメントに必要なライフステージ別の行動特性を系統的
に修得できるものであり，検査の実施が難しくても，そのアセスメントの観
点をもって保護者と面接をしたり，クライエントの行動観察をすることで，
その人の見立てに必要なインフォーマルなアセスメントが可能になると考え
る。現場で実施の必要性に迫られている読者に，本書を役立ててほしいのは
もちろんであるが，実際に使う状況にない読者にも自身の心理学的アセスメ
ントの幅を広げるために，ぜひ発達障害特性のアセスメントを学んでいただ
きたい。

**【引用文献】**

Adler, L. A., Kessler, R. C., & Spencer, T. (2003) *Adult ADHD self-report scale-V1.1 (ASRS-V1.1) screener from WHO composite international diagnostic interview*. World Health Organization.

American Psychiatric Association (1994) *Diagnostic and statistical manual of mental disorders (4th ed.)*. Author.

Baron-Cohen, S., Wheelwright, S., Skinner, R., Martin, J., & Clubley, E. (2001) The autism spectrum quotient (AQ): Evidence from Asperger syndrome/high functioning autism, males and females, scientists and mathematicians. *Journal of Autism and Developmental Disorders*, **31**, 5-17.

Conners, C. K., Erhardt, D., & Sparrow, E. (1998) *Conners' Adult ADHD Rating Scales*. Multi-Health Systems Inc.［中村和彦（監修），染木史緒・大西将史（監訳）(2012) CAARS 日本語版．金子書房.］

Conners, C. K. (2008/2014) *Conners 3rd edition (DSM-5 update)*. Multi-Health Systems Inc.［田中康雄（訳・構成）(2011/2017) Conners 3 日本語版．金子書房.］

Constantino, J. N. & Gruber, C. P. (2011) *Social Responsiveness Scale Second Edition*. Western Psychological Services.［神尾陽子（日本版作成）(2017) SRS-2 対人応答性尺度．日本文化科学社.］

Constantino, J. N., Davis, S. A., Todd, R. D., Matthew, K., Schindler, M. K., Gross, M. M., Brophy, S. L., Metzger, L. M., Shoushtari, C. S., Splinter, R., &

Reich, W. (2003) Validation of a brief quantitative measure of autistic traits: comparison of the social responsiveness scale with the autism diagnostic interview-revised. *Journal of Autism and Developmental Disorders*, **33**, 427-433.

DuPaul, G. J., Power, T. J., Anastopoulos, A. D., & Reid, R. (1998) *ADHD Rating Scale-IV: Checklists, norms, and clinical interpretation.* Guilford. ［市川宏伸・田中康雄（監修），坂本　律（訳）（2008）診断・対応のための ADHD 評価スケール ADHD-RS【DSM 準拠】. 明石書店.］

Ehlers, S., Gillberg, C., & Wing, L. (1999) A screening questionnaire for Asperger syndrome and other high-functioning autism spectrum disorders in school age children. *Journal of Autism and Developmental Disorders*, **29** (2), 129-141.

Epstein, J., Johnson, D. E., & Conners, C. K. (2001) *Conners' Adult ADHD Diagnostic Interview for DSM-IV*. Multi-Health Systems Inc. ［中村和彦（監修），染木史緒・大西将史（監訳）（2012）CAADID 日本語版. 金子書房.］

一般社団法人 発達障害支援のための評価研究会（2013/2018）親面接式自閉スペクトラム症評定尺度テキスト改訂版（Parent-interview ASD Rating Scale-Text Revision）. 金子書房.

Ito, H., Tani, I., Yukihiro, R., Adachi, J., Hara, K., Ogasawara, M., Inoue, M., Kamio, Y., Nakamura, K., Uchiyama, T., Ichikawa, H., Sugiyama, T., Hagiwara, T. & Tsujii, M. (2012) Validation of an Interview-Based Rating Scale Developed in Japan for Pervasive Developmental Disorders. *Research in Autism Spectrum Disorders*, **6**, 1265-1272.

Kooij, J. J. S. & Francken, M. H. (2010) *Diagnostic Interview for ADHD in adults*. Diva Foundation.

Le Couteur, A., Lord, C., & Rutter, M. (2003) *Autism Diagnostic Interview-Revised*. Western Psychological Services. ［ADI-R 日本語版研究会（監訳），土屋賢治・黒田美保・稲田尚子（マニュアル監修）（2013）ADI-R 日本語版. 金子書房.］

Lord, S., Rutter, M., DiLavore, P. C., Risi, S. Gotham, K., & Bishop, S. L. (2012) *Autism Diagnostic Observation Schedule Second Edition*. Western Psychological Services. ［黒田美保・稲田尚子（監修・監訳）（2015）ADOS-2 日本語版. 金子書房.］

Robins, D. L., Fein, D., Barton, M. L., & Green, J. A. (1999) The Modified Checklist for Autism in Toddlers: An initial study investigating the early detection of autism and pervasive developmental disorders. *Journal of Autism and Developmental Disorders*, **31** (2), 131-144.

Rutter, M., Bailey, A., Berument, S. K., Lord, C., & Pickles, A. (2003) *Social Communication Questionnaire*. Western Psychological Services. ［内山登紀夫・

　黒田美保・稲田尚子（監修・監訳）（2020）CARS2 日本語版．金子書房．]

Schopler, E., Van Bourgondien, M. E., Wellman, G. J., & Love, S. R. (2010) *Childhood Autism Rating Scale Second Edition*. Western Psychological Services.［黒田美保・稲田尚子・内山登紀夫（監訳）（2013）SCQ 日本語版．金子書房．]

Wing, R. (2006) *The Diagnostic Interview for Social and Communication Disorders 11th edition*. Centre for Social and Communication Disorders.

# 5章
# 認知症関連の検査

梨谷竜也

## Ⅰ. はじめに

認知症とは，生後，いったん正常に発達した種々の精神機能が，何らかの疾患によって失われて，日常生活において支障をきたす状態を指している。しばしば「認知症」という単一の疾患があるかのように誤解されるが，認知症とは，様々な疾患の結果として引き起こされる状態像である。

認知症関連の心理検査は，認知機能の低下の有無，低下しているのであれば，どの認知領域が低下しているか，これらを明らかにするのが主な役割である。

認知症関連の検査は，体力，集中力が低下している高齢者や，何らかの脳の疾患をもつ人に対して実施することが多いため，その多くが短時間で実施できるようになっている。また，カットオフ得点が設定され，認知症の可能性があるかどうかのスクリーニングテストとして使用できるようになっているものが多いのも特徴である。

認知症関連の検査には多種多様なものがあるが，よく用いられるものとしては，HDS-R（Hasegawa Dementia Scale-Revised: エイチディーエス・アール／改訂 長谷川式簡易知能評価スケール），MMSE（Mini Mental State Examination: エムエムエスイー），ADAS（Alzheimer's Disease Assessment Scale: エイダス），MoCA（Montreal Cognitive Assessment: モカ），CDT（Clock Drawing Test: シーディーティー／時計描画テスト），FAB（Frontal Assessment Battery: ファブ），TMT（Trail Making Test: ティーエムティー），CANDy（Conversational Assessment of Neurocognitive Dysfunction: キャンディ／日常会話式認知機能評価）などがある（**表 5-1**）。

**表 5-1　主な認知症関連検査**

| 検査名 | 対象年齢帯 | 回答者 | 実施法 | 実施時間 |
|---|---|---|---|---|
| HDS-R | − | 本人 | 検査 | 5 〜 10 分 |
| MMSE-J | 18 〜 85 歳 | 本人 | 検査 | 10 〜 15 分 |
| ADAS-J cog. | − | 本人 | 検査 | 15 〜 30 分 |
| MoCA-J | − | 本人 | 検査 | 10 〜 15 分 |
| CDT | − | 本人 | 検査 | 1 〜 3 分 |
| FAB | − | 本人 | 検査 | 5 〜 10 分 |
| TMT-J | 20 〜 89 歳 | 本人 | 検査 | 約 15 分 |
| CANDy | − | 本人 | 面接 | 30 分以上 |

　HDS-R（加藤ら，1991）は，本邦における最も古い認知症スクリーニングテストとして知られる HDS（長谷川式簡易知能評価スケール）の改訂版として，1991 年に発表されたものである。本人の年齢か生年月日さえ確認できていれば実施可能であり，筆記課題がないことから，手指の機能に問題がある，あるいは座ることができない人などにも実施することができるという点で，非常に使いやすい検査である。

　MMSE（Folstein et al., 2001）は，入院患者用の認知障害測定を目的とした短くかつ標準化された尺度として開発されたものである。世界的に最もよく用いられている認知症のスクリーニングテストである。本邦においては，様々な日本語版が使用されてきたが，2019 年に原版出版社との契約に基づいて作成された正規日本版として，MMSE-J（Mini Mental State Examination-Japanese: エムエムエスイー・ジェイ）が出版されている。

　この 2 つの検査はいずれも 30 点満点であり，5 〜 15 分程度のごく短時間で実施することが可能である。

　ADAS（Rosen, Mohs, & Davis, 1984）は，記憶を中心とする認知機能下位尺度と，精神症状を中心とする非認知機能下位尺度の 2 つで構成されている。もともとはアルツハイマー病に対するコリン作動性薬物の薬理効果の判定を主な目的として用いられてきたものであり，特に，認知機能下位尺度がよく使われてきた。本邦においては，医科診療報酬が算定できる心理検査の中で最も高い 450 点を算定できる認知機能検査ということも

あり，日本語版の ADAS-J cog.（Alzheimer's Disease Assessment Scale-cognitive component-Japanese version: エイダス・ジェイコグ；本間ら，1992）が，日常臨床においてもよく用いられている。

MoCA（Nasreddine et al., 2005）は，正常域と MCI（Mild Cognitive Impairment: 軽度認知障害）を鑑別するのに特に有効とされている。記憶，言語，実行機能，注意機能，視空間認知，概念的思考，見当識など，認知機能を多面的に評価する課題構成となっている。30 点満点であり，健常高齢者と MCI の鑑別に最も有効なカットオフは 25/26。感度は 0.93，特異度は 0.89 と報告されている。

CDT はこれまでに挙げた検査のように，いくつかの設問が設けられているものではなく，被検者に時計の絵を描いてもらうだけの簡単な検査である。しかし，認知症のスクリーニングとして非常に有用であることが様々な研究で示されており，医師の診察場面などで，その簡便さから重用されている。単純な検査であるが，聴覚的理解，遂行機能，視空間認知，意味記憶，注意機能，作業記憶といった様々な認知機能を必要とする課題であり，得られる情報が多い一方，解釈が検査の単純さの割に難しい。

FAB，TMT は領域に特化した検査である。FAB（Dubois et al., 2000）は前頭葉機能検査で，類似，語の流暢性，運動系列，葛藤指示，抑制コントロール，把握行動の 6 種の課題で構成されている。ベッドサイドでも実施可能な簡便な検査であり，およそ 5 分程度で実施可能である。

TMT（Reitan, 1944/1979/1992/2008）は注意機能の評価として用いる。近年，高齢者の自動車運転の可否を医療機関で評価することが多くなっているが，この検査では，認知症の比較的初期から低下しやすく，かつ自動車運転に影響が大きい注意機能と処理速度を簡便に評価することができる。TMT は世界的によく用いられているが，その日本版として TMT-J（Trail Making Test-Japanese: ティーエムティー・ジェイ）が発売されている。

最後に CANDy（大庭ら，2017）を紹介する。CANDy は認知症の人に見られる 15 個の会話の特徴について，自由会話の中でその出現頻度を評価することにより，認知症をスクリーニングすることができる。アルツハイ

マー型認知症の高齢者と健常高齢者を，感度 86.2 ％，特異度 94.5 ％とい
う高い精度で判定できることが示されている。認知症がネガティブなイメー
ジで捉えられがちであることや，病識を有していないケースもしばしばある
ことから，認知症の検査は，高齢者にとって苦痛であったり，抵抗感があっ
たりすることもある。その点，この評価方法は日常会話を用いるため，被検
者に苦痛を与えないことや，繰り返し実施した際の練習効果が生じないこと
などが特徴である。

　以上，いくつかの検査を紹介してきたが，本稿では，特に臨床現場で使用
頻度の高いものとして，MMSE（MMSE-J）と ADAS について詳説する。

## Ⅱ．代表的な検査の特徴

　まず，認知症関連の検査に共通する実施上の注意点について最初に述べた
い。

　最初にきちんと挨拶をし，職種や氏名を伝え，これから何をするのか，ど
れくらい時間がかかるかをあらかじめ説明しなければならない。これは，ど
の臨床心理検査でも同じかもしれないが，特に認知症が疑われる人の場合，
認知機能の低下により，今，自分が置かれている状況がわからず，強い不安
が生じている可能性がある。それらの不安感に配慮し，検査実施に必要な程
度の最低限のラポールを形成してから検査を実施しなければ，正しい結果は
得られない。

　なお，所要時間はそのまま伝えても多くの場合問題ないが，何をするかを
そのまま伝えると，抵抗感が強くなる場合もあるので，被検者の様子を見な
がら言い方を変えたほうがよい。筆者の場合，被検者に「今日は何をするか
聞いていますか？」と尋ねてから，その答えに応じて，そのあとの説明を変
えている。それが終わったあともいきなり検査ではなく，天気の話など少し
雑談をはさんだり，体調や最近の様子を尋ねたりするなど，ある程度面接を
してから検査を開始する。

　医師の指示等で行う場合，何とか検査をしなければという焦りが生じがち
だが，どのような形であっても本人が納得したうえで検査を開始しなければ

ならない。納得していない状態で検査を始めると中断に終わってしまったり，意欲が不十分なために正しい結果が得られなかったりということにもなりかねない。本人の認知機能，病識，抵抗感といった問題で，納得，同意が十分に得られない場合，検査とはわからないような形，例えば頭の体操といったようなリハビリの一環として行う，雑談に混ぜて簡易な検査のみ実施するなどするとよい。また，前述した CANDy を用いる方法もある。

　検査は教示を棒読みするのではなく，検査課題を用いて面接をするといった感覚で行うと回答してもらいやすくなる。発達検査を行ったことがある人は，発達検査の課題を用いて子どもと遊ぶという感覚で検査を行うように習ったことがあるかもしれないが，それと同様である。教示は検査結果に影響しない範囲で，被検者が理解しやすいように表現を変えてよい。

　検査実施の場所は静かでプライバシーの保たれる場所が望ましいが，認知症検査の場合，大部屋の病室で行わざるを得ない場合などもある。その場合でも，カーテンを引く，看護師の出入りが少ない時間を選ぶなど，可能なかぎりの配慮を行う。

　被検者が難聴である場合，検査の教示が十分に聞き取れないこともある。しかし，被検者の中には聞き取れなくてもそのことを検査者には伝えずに適当に返事をしてしまうケースもしばしばみられる。被検者が十分に聞き取れているかどうかを事前に確認し，難聴があるようであれば，大きな声，あるいは耳元で話すなどの配慮が必要である。補聴器を持っているのであれば使うよう促す。視覚障害，手指の麻痺なども検査に影響する。視力の低い被検者のために，あらかじめ検査室に何種類かの老眼鏡を用意しておくとよい。手指の麻痺はカルテ等で事前情報が得られていることが多いが，被検者に尋ねる，動きを観察するなどし，検査者自身でも確認したほうがよい。脳卒中後や，その他の何らかの疾患の影響で疲労しやすい被検者であれば，検査時間を極力短くする，あるいは適宜休憩をとるようにするなどの配慮が必要である。認知症そのもので注意の持続が短くなっている場合も同様である。

　検査中にできない課題が続くと，「もうダメです。やっぱりボケてます」などと言い落ち込んだり，回答するのをすぐにあきらめてしまったりすることもある。「それでいいですよ」「できてますよ」「大丈夫」など励ましや安

心させる声かけを適宜行い，モチベーションの維持に努めることが肝要である。

　終了後はできていた部分を伝えるなど，ポジティブなフィードバックを行うようにし，なるべく気分よく帰ってもらうようにする。これはその後の治療や援助を円滑に進めるためにも重要である。

## 1. MMSE

　本検査の主な利点は2つある。ひとつは認知機能全般をごく短時間で評価できることで，HDS-R と重複している課題も多いが，HDS-R がやや記憶障害の評価に偏りがちなところ，本検査では読字，書字，従命動作などが含まれ，より幅広い認知機能を評価することが可能となっている。もうひとつは，MMSE が世界的に広く用いられていること，原版との等価性を重視した MMSE-J が発売されたことから，研究発表を行う際，国際的に MMSE の得点が通用するということが挙げられる。

　一方で，本検査はあくまでもスクリーニングレベルであるため，本検査のみで特定の認知機能障害の有無を判断することは困難である。例えば，3単語の再生の成績だけで近時記憶障害の有無は断定できない。近時記憶障害の有無は他の記憶検査（課題）の成績や，背景情報を総合して判断しなければならない。また，認知症をスクリーニングする目的の検査として，十分な妥当性を有しているものの，診断用具として使用されることを意図されておらず，この検査の結果のみで診断することはできない。

　検査の実施自体は，非常に簡易であり，マニュアルを読みさえすれば，実施方法も採点も迷うことはほとんどない。ここでは MMSE-J を例にとって，回答内容を質的に分析する上での留意点を説明する。

### （1）見当識

　見当識というのは，現在がいつくらいか，自分のいる場所はどういったところなのか，周囲の状況や人物との関係がどうなっているのかなどについて見当をつける能力である。誤解されがちであるが，日付を覚えているかどうかは単に記憶の問題であって，見当識ではない。

　この設問は本質的には時の見当識を見る設問である。検査上は日付を1

日間違えただけでも，その部分は誤答となるが，1日間違えるだけなら，健常者でもありえることである。したがって，見当識について評価する場合は，日時についての感覚が保たれているかどうかを判断することになる。

　例えば，「令和4年1月12日，水曜日」を「令和3年1月11日，水曜日」と答えた場合，検査の得点としては年と日の誤答で2点減点となるが，年が明けてすぐなので，「令和3年」と答えたのはうっかり間違えただけかもしれないし，日が1日ずれているのも，よくある勘違い程度かもしれない。もちろん，記憶力がやや低くなっている可能性は後で検討しなければならない。

　しかし，これが，「平成20年7月12日，日曜日」となってくると，日時の感覚が保たれているとは言い難くなる。今が冬であるにもかかわらず，「今は初夏でしょうか」と答えるなら，これは日時の感覚がかなりずれているということになる。

　場所の見当識は，自分が今どこにいるのか，普段いる場所との地理関係がどうかといったことがわかる能力である。MMSEでは病院名（施設名）を尋ねるが，これが答えられないのは単に記憶していないだけかもしれないので，厳密な意味での場所の失見当識とはいえない。病院で検査をするとして，病院名を答えられなくても，そこがおおよそどのあたりにある病院で，今は検査をする部屋にいるということがわかっていれば場所の見当識としては十分である。

## (2) 記銘

　3つの単語を覚えて，即時再生できるかを見る課題である。注意，即時記憶と関連するが，単語の数が3つしかないため，これができたからといって，注意と即時記憶に問題がないとまではいえない。逆にこれができず，かつ言語機能には問題が認められない場合は，注意と即時記憶に何らかの問題がある可能性が高い。

　ここで記銘できなければ，2つ後の再生課題を行うことができないため，すべての単語を復唱できるまで繰り返すことになるが（最大5試行），そうした場合，今度は逆に強く学習されすぎて，再生課題が正答しやすくなるので，再生課題の成績をどう判断するか注意が必要である。

## (3) 注意と計算

シリアル7（100−7）課題は，注意および計算能力の評価である。点数自体は前の数から正しく7を引けていれば，1点が与えられるが，認知機能障害の内容や程度の評価をする場合は，誤答内容に注目する必要がある。例えば，93−7のような繰り下がりの計算が出てくると誤答するのか，最初の3つ，4つまでは正解し，残りを誤答するのか，あるいは途中で引く数が7から別の数に変わってしまうのかなどである。

## (4) 再生

近時記憶を見る設問である。これも正答するかどうかだけでなく，誤答内容を見ておく。ひとつも再生できなかったとしても，何かを覚えたということはわかっているのか，覚えたということ自体を忘れているのか，思い出せなくて誤答するのか，記銘課題にはなかった単語を言うのか（虚再生）などである。

なお，本検査では記銘課題と再生課題の間の干渉課題がシリアル7だけであり，その間の時間も短い。したがって，ごく軽度の記憶障害であれば，3語とも再生できてしまうこともありえる。記憶障害の有無は記憶に特化した検査や，他の検査の記憶課題の成績，最近の社会的出来事が想起できるかどうかなども参考にして検討しなければならない。

## (5) 呼称

2つのありふれた物品の呼称ができるかを見るが，できない場合，それが言語障害によるものか，視覚失認によるものか判断が必要である。その物品を触らせて呼称できるようになるのであれば，視覚失認の可能性がある。また，ただ言えないのか，別の物品と言い間違えるのか，実際にはない言葉を言うのかを記述しておくと，言語障害の解釈に役立つ。

## (6) 理解

3つの指示を含む口頭従命の課題である。3つの指示は一度に与える。

行為の障害，失行の有無を見ることができる課題だが，言語の聴理解力，即時記憶，注意の容量なども関係してくる。

## (7) 読字

文章を読ませて，そのとおりにできるかを見る。文字を読んで意味を理解

できるかを調べる目的で作られている課題だが，行為を伴うため，失行がある場合もできなくなる可能性がある。また，この課題は教示の意味が理解できずに，提示されたものをとりあえず音読するだけで終わってしまう被検者がしばしばいる。その場合は聴覚的な理解力に問題がある可能性もある。このとおりできなければ，一度音読してもらい，それで再度できるか試してみるとよい。文字を読めない，読めるが理解できない，読めて理解もできるが行為に移せない，これらのどのレベルの問題かを把握する。

　なお，日本では識字率がほぼ100％とはいえ，一部には学校教育をほとんど受けておらず，字が読めないという被検者もいるので，教育歴に注意が必要である。

### (8) 書字

　文章を自由に書いてもらう。「何を書いたらいいんですか？」「思いつきません」などと言い，戸惑う被検者も多いので，励ましながら書いてもらうようにする。誤字脱字があっても正答となるが，書字障害，失語症，注意障害などにより誤字脱字が生じている可能性もあるので，何が原因で生じたものか検討が必要である。

　書字障害を見る課題ではあるが，適当なものを思いつかず，書けないという場合もある。これは，一種の遂行機能障害といえる。評価としてはなぜ書けないのかを明らかにしておきたいので，マニュアルにあるように，テーマを与えて書けるかどうか，それでも難しければ，検査者が読み上げた文章を書き取れるかをチェックする。それでもまだ書けない場合は，検査者が文章を書き，それを書き写すことはできるかを確認する。

### (9) 描画

　構成障害を見るのが本来の意図であるが，半側空間無視，注意障害，遂行機能障害でも描けなくなることがある。

　なお，この設問はレビー小体病の疑いがあるケースで重視される。アルツハイマー病も比較的初期に視空間認知機能が低下するため，この課題を誤答することがあるが，五角形が四角形になったり，重なる場所がずれていたりと，部分的に誤りがあるといったものが一般的である。一方，レビー小体病による視空間認知の障害では全体の構成が大きく崩れることがある。他の認

知機能の障害はそれほど大きくないにもかかわらず，この図形模写に大きな崩れがある場合は，レビー小体病の可能性を疑って評価していく必要がある。ただし，模写が問題なくできているからといってレビー小体病ではないということにはならないため，描画の結果を過大に解釈しすぎないようにしなければならない。

## 2. ADAS

　ADAS は認知機能下位尺度が 11 尺度で合計得点が 70 点，非認知機能下位尺度が 10 尺度で合計得点が 50 点となっている。しかし，前述したように，臨床現場では認知機能下位尺度（ADAS-J cog.）のみを用いることが多い。点数は失点方式であり，高得点であるほど重症度が高いことを示す。ここでは，この検査の認知機能下位尺度のいくつかについて，解釈のポイントを提示する。

　最初の設問である単語再生は，10 個の単語が 10 枚のカードに書かれており，それを 1 枚ずつ読み上げながら覚えてもらい，その後再生を求めるということを計 3 試行行う。記憶を見る課題になるが，即時再生のため，1 試行目は即時記憶の要素が強くなる。しかし，2 試行目からは学習効果が見られるかどうかということが含まれてくるので，近時記憶の要素が出てくる。

　また，ここで登場する 10 単語は相互に無関係なものではなく，4 カテゴリーに分かれている。したがって，これに気づいてカテゴリーごとに覚えて再生するという戦略的な記憶方略を用いることができる。そういう部分では遂行機能が反映されるともいえる。

　これらのどの要素に問題があったか，あるいはどういう点で優れていたかを解釈することになる。

　検査用紙には，どの順番で回答したか数字を記入し，単語カードにはなかったものを答える虚再生があった場合はその単語を欄外に記載しておくと，あとで解釈する場合に役に立つ。また，単語カードを読み終えたら，最後のほうの何語かを一気に答えるのか，頭から答えるのかなどといった答え方も余裕があれば記載しておくとよい。

　封書作成課題は，被検者の前に，封筒，文面が印刷された手紙，切手を置

き，住所と名前の書かれた紙を提示し，その人物宛に手紙を出すことを想定し，ポストに出せる状態にするよう教示する。効率よく適切な形で最後までやり遂げられるかどうかという点では，遂行機能が反映される。習熟した動作ができるか，手順がちぐはぐではないかという点では，失行があるとそういったことができなくなる。誤字脱字や，切手の貼り忘れなどは注意機能も関係する。他にも書字，空間認知など様々な能力が関係する課題となっている。

　ここでは誤答パターンをいくつか紹介する。まず，教示されるとすぐに，住所と宛名を書くが，それだけすますと，「できました」と言って終わってしまうパターン。再教示でできる被検者もいるが，再教示後も「はい，これで」と行動が変わらない被検者もいる。しかし，その後，段階別の教示で第 1 段階の「便箋を折りたたむ」よう言うと，そこからは最後までスラスラできる。この場合，点数は 4 点となり，点数上はかなり重症となるが，実際には行動を最後まで遂行しきれないことはあるものの，ヒントがあれば遂行しきることができるレベルなので，軽度の遂行機能障害であるといえる。もちろん，中には段階別の教示をすべてひとつずつ言わなければ行動できないケースもあり，この場合はかなり重い遂行機能障害といえるかもしれない。

　紙は封筒のサイズを考えると，横向けにして 3 つ折りないしは 4 つ折りにすると綺麗に入るが，明らかに入らないであろうサイズで折って押し込もうとしたり，逆に小さ過ぎたりということがある。これはサイズを確認せずに無計画に折りはじめた結果であれば，遂行機能の低さを反映しているといえるし，確認してもサイズや形がわかりにくいという空間認知の問題を反映している場合もある。

　最後に封をしないまま終了してしまうパターンが個人的には最もよく見かけるが，これだけであれば，単なる不注意といえるかもしれない。

　また，教示をすると，いきなり手紙を音読しはじめ，再教示後もまだ手紙を読み続けるような人もいる。これは教示理解に問題があるようにも見えるが，それだけであれば，手紙を読むという行動にはなかなかならないであろう。状況判断が保たれているのであれば，目の前の状況を見てある程度何をするのかがわかるからである。これは，その場にあるものに反応してしまう

という，環境依存性の亢進が関連しているとも解釈しうる。

　最後の課題は単語再認である。この課題は，12個の単語を音読しながら記憶するところまでは，最初の単語再生と提示数が違うだけで同様のやり方だが，その後，この12個に干渉刺激として別の12個を混ぜた24個の単語をランダムに提示し，最初の12個にあったかなかったかを尋ねる。単語再生同様，3試行行い，平均正解数を出す。12から平均正解数を引いた数字が失点となり，合計点に加算される。

　再認課題は，最初の再生課題よりも正答率が高くなるのが一般的な傾向である。3試行行っても全問正答やそれに近い正答数に至らない場合は，記憶障害がある可能性がかなり高いといえる。

　なお，ADAS の採点方法では，最初にあった12個のうちいくつ「あった」と答えられるかだけを点数化している。例えば，3試行の成績がそれぞれ，9，11，12であった場合は，平均正答数が10.7となるので，12から10.7を引いた1.3点が失点として合計点に加算される。このとき，干渉刺激として提示された12個を「あった」と答えても，点数は変わらない。ということは，24個すべてを「あった」と答えても，点数上は失点0ということになる。しかし，干渉刺激を「ない」と答えられるのと，「あった」と答えてしまうのでは意味が大きく異なる。例えば，前頭葉機能のひとつである干渉の抑制機能がうまく働いていないことによるものの可能性がある。したがって，解釈ではそのことについても触れておく必要がある。この干渉の抑制機能についてパッと見てわかりやすいように，記録用紙の余白に虚再認数を書いておくとよい。

## Ⅲ．臨床での実際の使い方

　認知症関連の検査は，当然のことながら高齢者を中心とした成人を対象に実施する。まず，診断の補助として，認知機能障害があるのかどうか，あるのであればどういった認知機能障害があり，それはどの程度のものなのかを明らかにするという目的が挙げられる。その際，例えば，構成障害であれば，それが著しい構成の崩れなのか，模写した図形の一辺が足りないだけなのか

で，示唆される原因疾患が異なることもあるので，そういった回答の質についても詳細に記述しておくことが望ましい（この場合，前者はレビー小体病にしばしば見られるものである）。

　さらに，認知症関連の検査の使用目的はいくつかある。生活や仕事において実際に発揮できる能力の評価が重要な検査目的のひとつである。また，認知症による生活障害や BPSD（Behavioral and Psychological Symptoms of Dementia: 認知症の行動・心理症状）の背景となる認知機能障害を明らかにし，支援に役立てる目的でも用いられる。3 つめとして，一定期間ごとに検査を行えば，治療，リハビリの効果判定や，病状進行の程度の把握，予後予測にも役立つ。医療機関では，成年後見制度の申請などに際して，診断書作成に必要なデータを得る目的で実施することもある。加えて，認知症検査の結果を本人や家族に提示し，疾患への理解を促進するために行うこともある。

　認知症関連の検査をスクリーニングのみを目的として行う場合は，HDS-R や MMSE などを単独で行うこともある。しかし，より詳細な認知機能プロフィールを得たい場合は，いくつかの検査を組み合わせてテスト・バッテリーという形で行うことになる。この場合，MMSE や ADAS といった認知機能全般を調べるものに加えて，前頭葉機能なら FAB，注意機能なら TMT といったように，特に明らかにしたい認知領域に特化した検査を組み合わせるのが一般的である。また，うつ病と認知症の鑑別であれば，SDS[*1] などのうつ尺度を加えることもある。高齢者の場合，高齢期のうつに対応し，認知機能の低下した高齢者でも答えやすいように，はい－いいえの 2 件法にした GDS-15-J[*2] を用いることもある。

　認知症関連検査のテスト・バッテリーで気をつけなければならないのは，時間である。認知症が疑われる被検者は，概して注意集中の持続する時間が短く，疲労しやすい。そのため，あれこれ知りたいからといって，多くの検査を盛り込まずに，最低限必要な種類におさえなければならない。

---

[*1] Self-rating Depression Scale（エスディーエス／うつ性自己評価尺度）
[*2] Geriatric Depression Scale-15-Japanese（ジーディーエス・ジュウゴ・ジェイ／老年期うつ検査 -15-日本版）

# Ⅳ．フィードバックの仕方

　認知症関連検査の主なフィードバック先は，医療機関の場合，多くは担当医師である。WAIS などの知能検査のように，検査自体が群，領域に分かれていることはあまりないので，検査全体をとおして得られる情報を，検査者が整理して伝えることになる。

　まずは検査時の様子を伝え，次いで実施した検査の得点を伝える。その後，認知機能障害の中身を伝える。認知機能障害の分け方に決まりはないが，見当識，注意，記憶（主に近時記憶について），言語，視覚認知，遂行機能などに分けて伝えるとわかりやすい。加えて，検査では直接扱わないこともあるが，心理面や精神症状についても検査時の様子や検査前後での面接，家族の話等から得られた情報を記載する。

　心理検査のみで認知症を診断できないことは言うまでもないが，何らかの認知症に特有の認知機能障害や反応が見られた際は，そのことについても記載しておくと，医師が診断する際に有用な情報となる。

　最後に，今後の治療や支援についての留意点，特に BPSD がある場合の対応方法のポイントについて伝えられるとよい。

　心理検査のテスト・バッテリーを組んだ際の検査所見は，検査ごとに作成し，最後に総合所見を作ることもあるが，認知症関連検査の場合は，各検査でわかることの中身が部分的に重複していることが多いので，最初からまとめた形で所見を作るほうがわかりやすいだろう。

　被検者へのフィードバックは医療機関の場合，医師から診断結果とともに伝えられることが多い。その際に被検者や家族に渡してもらえるように，検査結果をごく簡単にまとめたレポートを作成しておくのもよい。ただし，特に被検者が読む場合，専門知識がなく，さらには低下した認知機能で理解できるものにするよう配慮しなくてはならない。また，現在の生活上の困りごとへの対処法や，今後のさらなる機能低下を少しでも防ぐためにできることが書かれていると，被検者や家族にとって有用なものとなりうる。

# V. まとめ

　認知症関連の検査は，いずれも簡易な検査であるが，神経心理学的検査の
ツールとして使うには，個々の設問が神経心理学的にどのような機能を用い
るのかについて，深く理解していなければならない。検査をマニュアルどお
り実施できるようにしておくことは当然のことながら，ベースとなる神経心
理学に関する学習をしっかりと行っておくことが望まれる。

【引用文献】

Dubois, B., Slachevsky, A., Litvan, I., & Pillon, B. (2000) The FAB: A Frontal Assessment Battery at bedside. *Neurology*, **55**, 1621-1626.［小野　剛（2001）簡単な前頭葉機能テスト．脳の科学，**23**, 487-493.］

Folstein, M. F., Folstein, S. E., McHugh, P. R., & Fanjiang, G. (2001) *Mini-Mental State Examination user's guide*. Psychological Assessment Resources, Inc.［杉下守弘（監訳）（2012/2019）MMSE-J 精神状態短時間検査 改訂日本版．日本文化科学社.］

本間　昭・福沢一吉・塚田良雄・石井徹郎・長谷川和夫・Mohs, R. C.（1992）Alzheimer's Disease Assessment Scale（ADAS）日本語版の作成．老年精神医学雑誌，**3**, 647-655.

加藤伸司・下垣　光・小野寺敦志・植田宏樹（1991）改訂長谷川式簡易知能評価スケール（HDS-R）の作成．老年精神医学雑誌，**2**, 1339-1347.

Nasreddine, Z. S., Phillips, N. A., Bedirian, V., Charbonneau, S., Whitehead, V., Collin, I., Cummings, J. L., & Chertkow, H. (2005) The Montreal Cognitive Assessment, MoCA: A brief screening tool for mild cognitive impairment. *Journal of American Geriatric Society*, **53**, 695-699.［鈴木宏幸・藤原佳典（2010）Montreal Cognitive Assessment（MoCA）の日本語版作成とその有効性について．老年精神医学雑誌，**21**, 198-202.］

大庭　輝・佐藤眞一・数井裕光・新田慈子・梨谷竜也・神山晃男（2017）日常会話式認知機能評価（Conversational Assessment of Neurocognitive Dysfunction; CANDy）の開発と信頼性・妥当性の検討．老年精神医学雑誌，**28**, 379-388.

Reitan, R. M. (1944/1979/1992/2008) *Trail Making Test*. Neuropsychology Center.［一般社団法人日本高次脳機能障害学会（編），一般社団法人日本高次脳機能障害学会 Brain Function Test 委員会（著）（2019）Trail Making Test 日本版（TMT-J）．新興医学出版社.］

Rosen, W. G., Mohs, R. C., & Davis, K. L. (1984) A new rating scale for Alzheimer's disease. *American Journal of Psychiatry*, **141**, 1356-1364.

**6**章
# 適応行動・不適応行動の検査

黒田美保

## Ⅰ. はじめに

　適応とは生活体と環境が調和した関係を保つことであり，適応行動は，セルフケア，家事，学業，仕事，余暇，地域生活など多様な側面について，個人が自らのニーズを環境の中で調整しつつ自己実現する力といえる。2001年に採択された国際生活機能分類（ICF）においても，障害のマネージメントは，個人のよりよい適応と行動変容を目標とすると定義されており，近年，個人の生活の質（QOL）を考える上で，「適応」は最も重要な概念と位置づけられている。

　適応を調べる検査として Vineland-Ⅱ（Vineland Adaptive Behavior Scales, Second Edition: ヴァインランド・ツー／ヴァインランド適応行動尺度第 2 版）や S-M 社会生活能力検査第 3 版，不適応行動を調べる検査として CBCL（Child Behavior Checklist: シービーシーエル／子どもの行動チェックリスト），SDQ（Strength and Difficulties Questionnaire: エスディーキュー／子どもの強さと困難さアンケート）などがある（**表6-1**）。

表 6-1　主な適応行動尺度・不適応行動尺度

| 検査名 | 対象年齢帯 | 回答者 | 実施法 | 実施時間 |
|---|---|---|---|---|
| Vineland-Ⅱ | 0 〜 92 歳 | 保護者等 | 面接 | 30 分〜 1 時間 |
| S-M 社会生活能力検査第 3 版 | 幼児〜中学生 | 保護者等 | 質問紙 | 15 分 |
| CBCL | 幼児版 2 〜 3 歳，年長児版 4 〜 18 歳 | 保護者等 | 質問紙 | 30 分 |
| SDQ | 3 〜 16 歳 | 保護者等 | 質問紙 | 10 分 |

　Vineland-II（Sparrow et al., 2005）は，面接式で適応行動を調べる検査だが 3 歳以上であれば不適応行動も調べることができる。S-M 社会生活能力検査第 3 版（上野・名越・旭出学園教育研究所，2016）は，Vineland-II の原盤である Vineland Social Maturity 検査の翻案として日本で作られた検査の改訂版である。乳幼児から中学生までを対象とし，保護者または教師記入式で 129 項目から構成され，社会生活年齢（SA）と社会生活指数（SQ）が算出できる。不適応行動を調べる CBCL（Achenbach & Rescorla, 2000; 2001）は，心理社会的な適応／不適応状態を包括的に評価するシステム ASEBA（Achenbach System of Empirically Based Assessment ／アセバ）の中のひとつであり，保護者等が記入するものである。就学前のものは 100 項目，就学後のものは 120 項目からなり，8 つの下位尺度（ひきこもり，身体的訴え，不安抑うつ，社会性の問題，思考の問題，注意の問題，攻撃的行動と非行的行動）と 2 つの上位尺度（内向尺度，外向尺度）の尺度得点と全体の「総得点」が求められ，子どもの行動，情緒，社会性の問題を調べることができる。SDQ（Goodman, 1997）は，子どもの情緒や行動についての 25 項目を保護者または教師が回答し，情緒の問題，行為の問題，多動／不注意，仲間関係の問題と「総合的困難さ」の得点が求められる。

　S-M 社会生活能力検査第 3 版は対象が中学生までと限定的であり，適応行動の様子を見たい，自立を求められる時期に対応していない。また，SDQ, CBCL も年齢が限定である（ただし，CBCL を含む ASEBA には成人期の不適応行動尺度も含まれてはいる）。また，これらの検査はすべて質問紙であり短時間で実施できるという長所はあるが，項目以外の情報は得られず，回答者のバイアスを避けられないという短所もある。一方，Vineland-II は乳児から高齢者までの広い年齢帯の適応行動・不適応行動の両方を調べることができる。また，半構造化面接で実施することにより，質問項目以外の対象者の情報を収集でき，より包括的な理解が可能となる。そこで，本稿では Vineland-II について詳しく解説する。

## Ⅱ. Vineland-Ⅱの特徴

　Vineland-Ⅱは，日常生活における適応状態を評価する検査であり，適応行動総合点や領域標準得点など数値で結果が求められる。心理学者スパロー（Sparrow, S.）らによって作成されたもので，対象者の現在の日常生活をよく知る第三者が回答者となる。

　Vineland-Ⅱでは，適応行動を「個人的および社会的充足を満たすのに必要な日常活動の遂行」と定義しており，次の4つの考えに基づいて作成されている。①適応行動は年齢に関連するものであり，それぞれの年齢で重要となる適応行動は異なる。②適応行動は他人の期待や基準によって決定され，関わる環境によって適応行動の評価も変化していく。③適応行動は支援などの環境によって変化する。④適応行動は行動自体を評価するものであり，その可能性を評価するものではない。特に④について注意が必要で，実際に行っているかを確認して評価していくことがこの検査の肝となる。

　Vineland-Ⅱの対象年齢は生後0カ月〜92歳であり，前述したように，対象者は検査には同席せず，対象者をよく知る者が面接形式で回答し，所要時間は約30分〜1時間である。質問項目は385項目である。各項目について，常に自立的に行っていれば2点，時々あるいは促されてやる場合は1点，やっていない場合に0点を付与する。暦年齢の項目から始め，「2」が4つ連続した場合を下限とし，「0」が4つ連続した場合を上限として，その間の質問を尋ねていく。また，独特の半構造化面接法をとっており，質問項目を読むのではなく，関連する質問項目を網羅するオープンエンドな質問をして，回答者から自発的な回答を引き出すという方法をとる。この方法により，回答者とのラポールが高まったり，個々の機能水準について得られる情報が奥深いものとなったりして，より臨床場面での支援に役立てられる情報を集められることになる。回答バイアス（答える人が点数を操作しようとして，意識的に現実とは違う回答をしてしまうこと）も低減することができる。

　構成は，コミュニケーション・日常生活スキル・社会性・運動スキルの4

**表6-2　Vineland-Ⅱの領域・下位領域（質問項目数）と対象年齢**

| 領域 | | 下位領域 | 質問項目数 | 対象年齢 |
|---|---|---|---|---|
| 適応行動 | コミュニケーション | 受容言語 | 20 | 0歳〜 |
| | | 表出言語 | 54 | 0歳〜 |
| | | 読み書き | 25 | 3歳〜 |
| | 日常生活スキル | 身辺自立 | 43 | 0歳〜 |
| | | 家事 | 24 | 1歳〜 |
| | | 地域生活 | 44 | 1歳〜 |
| | 社会性 | 対人関係 | 38 | 0歳〜 |
| | | 遊びと余暇 | 31 | 0歳〜 |
| | | コーピング | 30 | 1歳〜 |
| | 運動スキル | 粗大運動 | 40 | 0〜6歳，50歳〜 |
| | | 微細運動 | 36 | 0〜6歳，50歳〜 |
| 不適応行動 | 不適応行動 | 内在化 | 11 | 3歳〜 |
| | | 外在化 | 10 | 3歳〜 |
| | | その他 | 15 | 3歳〜 |
| | | 重要事項 | 14 | 3歳〜 |

つの領域からなり，それぞれに下位領域がある（**表6-2**）。それ以外に，不適応行動領域（**表6-2**）もあり，児童期以降に顕在化する二次障害等の問題を把握することも可能である。これらの合計点から評価点を算出する。結果であるが，Vineland-Ⅱの標準得点はウェクスラー系知能検査とほぼ同じシステムであり，全検査IQにあたる全般的指標としての適応行動総合点（平均値100，標準偏差15）が得られる。これは，3つから4つの領域の領域標準得点（平均値100，標準偏差15）から求められる。また，各領域の下にある下位領域では，平均値15，標準偏差3のv評価点が得られる。これ以外に，スタナイン，適応水準，領域内の下位領域間の強みと弱み，対比較などが求められ，個人間差と個人内差を把握できる。

　適応行動と知的水準は正比例することがわかっているが，知的障害と自閉スペクトラム症（Autism Spectrum Disorder; 以下，ASD）の関係について Vineland-Ⅱを用いた研究を紹介すると，ペリーら（Perry et al., 2009）はASD群においてもIQによって適応行動に差が出るが，適応行動の水準は，知的水準が平均域・境界域・軽度知的障害ではほぼ同じ水準で

あり，一定以上の適応行動を獲得できないことを示した。また，カンネら（Kanne et al., 2011）は，ASD 群では，IQ が低い場合は適応行動総合点が知的水準よりも高いにもかかわらず，IQ が高くなるにつれて，逆転することを明らかにした。クリンら（Klin et al., 2007）は，IQ が正常域のASD 男児群の症状の重症度と Vineland-Ⅱの得点に相関が認められなかったことを報告した。このように，発達障害において，IQ や障害の重症度と適応行動には関連が見られないことから，適応行動の水準は他の検査から類推することはできず，Vineland-Ⅱなどの適応行動を調べることのできる検査を行うことが必須であると考えられる。

## Ⅲ．臨床での実際の使い方

　臨床では，Vineland-Ⅱの対象年齢が 0 歳から 92 歳までであることから，広い年齢帯のクライエントに用いることができ，幼児期から青年期の発達支援，青年期・成人期の生活支援や就労支援，高齢期の機能低下の把握などに使用できる。また，発達障害や知的障害の支援用に実施されることが多いが，染色体異常，視覚・聴覚障害，身体障害などにも広く使える。支援効果の確認などのために繰り返し取ることが出てくるが，実施間隔について特に配慮する必要はない。

　通常，テスト・バッテリーに含めて使用する。特別支援学校などで，この検査だけを利用している場合もあるが，知能水準や発達水準と比較しながら解釈していくことが支援をしていく上では重要である。テスト・バッテリーは対象者の何を見たいかによって違うが，発達障害や知的障害へのアセスメントで使用することが多いので，ウェクスラー系知能検査と発達障害に特化した検査（ADOS-2[*1]，ADI-R[*2]，CAADID[*3]）などと組み合わせるこ

---

[*1] Autism Diagnostic Observation Schedule Second Edition（エイドス・ツー／自閉症診断観察検査第 2 版）
[*2] Autism Diagnostic Interview-Revised（エーディーアイアール／自閉症診断面接改訂版）
[*3] Conners' Adult ADHD Diagnostic Interview for DSM-Ⅳ（カーディッド／コナーズ成人 ADHD 診断面接）

とが多い。ウェクスラー系知能検査の実施が難しい場合は，新版K式発達検査®などを用いる。前述のように，発達障害の場合，適応行動と知的水準は正比例しないので，知的水準では推測できない日常生活の困難を測る上で，必須の検査といえる。

　実施方法についてであるが，独特の半構造化の面接である。例えば，人の話や絵本などの話をどのくらい聞けるかについて，時間と聞く内容によって質問項目が数個あるが，「お子さんは，お話はどのくらい聞けますか？」といった漠然としたオープンエンドな問いかけをする。回答者が，「絵本の読み聞かせであれば30分は聞いています。特に，ポケモンが大好きなので，それなら2時間でも聞いていますけど，幼稚園で先生のお話を聞くときは10分くらいかしら」と回答があれば，一度に数個の質問項目を採点できるのである。この方法で実施してみると，対象者が何をしないかよりも何をするかに焦点をあて，自由に語ってもらう会話的なアプローチにより，回答者はポジティブに検査に臨めると実感する。また，短時間で多くの質問項目の内容を聞けるだけでなく，対象者の嗜好など質問以外の情報も得られる。

　実施上の注意点としては，前述のように可能性を評価しないということである。例えば，自宅に暮らす大学生を考えてみると，掃除や料理をする能力はあるが，実際にこうした家事をしていない場合は必ず0点としなければならない。しかし，この大学生が一人暮らしを始め，実際に家事を行うようになると家事に関する項目には2点が付与され，日常生活スキル領域の評価点も改善する。このように，実際に行っている行動を的確に評価することで，支援効果や環境変化の影響を鋭敏に把握できる。

## Ⅳ. フィードバックの仕方

　フィードバックでは，全体的な結果，つまり適応行動総合点から伝え，その後，領域，下位領域，対比較の結果などを伝えるが，合格項目と1点や0点の項目内容も伝えていくことができる。Vineland-Ⅱの強みはなんといっても，ウェクスラー系知能検査との比較ができることである。フィードバックにおいては，適応行動総合点だけでなく全検査IQと比較してどうな

のかを説明する必要がある。

　次に，領域の評価点について説明するが，ここでも知能検査の結果と合わせてフィードバックすることが有効である。IQ の高い発達障害者ではウェクスラー系知能検査の言語理解指標が高い場合が多く，実生活でのコミュニケーションには問題があるにもかかわらず，言語理解指標が高いのだからコミュニケーションは取れるはずだと誤解される場合が散見される。これは，ウェクスラー系知能検査で測られる言語理解能力が言語知識に依存しており，実際の会話力や相手の理解を考えながら説明をする力などを見るようにはできていないためであるが，Vineland-Ⅱのコミュニケーション領域の評価点と言語理解指標を比較すれば，言語的な知識を対人場面で生かせているかどうかがわかるわけである。

　こうした大枠の結果を伝えた後は，下位領域の評価点や質問項目の結果を伝えていく。質問項目が，年齢相応の適応行動になっているので，各項目の行動を達成していくことが日常生活の適応を改善させることになる。特に，部分的にできている，言われればやるという 1 点がついている項目の行動について，短期目標に入れて取り組んでいくことが推奨される。また，生活する上で必須の適応行動，例えば，信号を守って横断するといった項目を達成することを目標にしていき，それをフィードバックしていくことが重要である。Vineland-Ⅱの場合，結果のすべてをクライエントに伝えることが可能であるので，各質問項目の状況を含めフィードバックする。また，最後に不適応行動についても触れ，適応行動の状態との関連や対応も含めて支援目標を伝えていくとよい。

# Ⅴ．まとめ

　Vineland-Ⅱは，生涯のほぼすべての年齢帯をカバーし，幼児期から自立を求められる青年期においての適応状態，その後の成人期そして老年期の適応の低下など，その時々で重要度が変化する分野の適応行動を的確に把握できる。Vineland-Ⅱを用いて適応行動という視点から臨床実践をすることは，クライエントの日常をより豊かにすると考えられる。

**【引用文献】**

Achenbach, T. M. & Rescorla, L. A. (2000) *Manual for the ASEBA preschool forms and profiles*. University of Vermont Department of Psychiatry.

Achenbach, T. M. & Rescorla, L. A. (2001) *Manual for the ASEBA school-age forms and profiles*. University of Vermont, Research Center for Children, Youth, and Families.

Goodman, R. (1997) The strength and difficulties questionnaire: A research note. *Journal of Child Psychology & Psychiatry & Allied Disciplines*, **38** (5), 581-586.

Kanne, S. M., Gerber, A. J., Quirmbach, L. M., Sparrow, S. S., Cicchetti, D. V., & Saulnier, C. A. (2011) The role of adaptive behavior in autism spectrum disorders: Implications for functional outcome. *Journal of Autism and Developmental Disorders*, **41**, 1007-1018.

Klin, A., Saulnier, C. A., Sparrow, S. S., Cicchetti, D. V., Volkmar, F. R., & Lord, C. (2007) Social and communication abilities and disabilities in higher functioning individuals with autism spectrum disorders: The Vineland and the ADOS. *Journal of Autism and Developmental Disorders*, **37**, 748-759.

Perry, A., Flanagan, H. E., Geier, J. D., & Freeman, N. L. (2009) Brief report: The Vineland Adaptive Behavior Scales in young children with autism spectrum disorders at different cognitive levels. *Journal of Autism and Developmental Disorders*, **39**, 1066-1078.

Sparrow, S. S., Cicchetti, D. V., & Balla, D. A. (2005) *Vineland adaptive behavior scales second edition*. American Guidance Service.［辻井正次・村上　隆（監修）(2014) Vineland-Ⅱ適応行動尺度日本版．日本文化科学社.］

上野一彦・名越斉子・旭出学園教育研究所（2016）S-M 社会生活能力検査第 3 版．日本文化科学社.

# 7章
# 精神症状を調べる検査

藤城有美子

## Ⅰ．はじめに

　症状（symptom）は主観的に体験される内的現象，徴候（sign）は外側から観察可能な外的現象を指すが，精神医学ではどちらも症状と呼ぶことが多い。症状の類型的な集合体が状態像であり，精神状態像（mental state）の検査では，その状態像を構成する諸症状を確認する。例えば，うつ状態という状態像は，抑うつ気分，制止，不安・焦燥，悲観的思考内容等，複数の症状からなっている。

　精神症状を調べる検査の多くは，個々の症状ではなく，そのまとまりである状態像を測定している。さらに，包括的な精神的健康の心理検査の下位因子として症状／状態像をチェックしているもの，特定の精神疾患等のスクリーニングや重症度の確認の下位因子として症状／状態像をチェックしているもの，単独の症状／状態像をチェックしているもの等がある。精神状態像の測定のゴールドスタンダードとされているのは構造化面接であるが，医療スタッフによる聴き取り面接や観察によるチェックリスト形式の評価尺度や，簡便な自記式の質問紙検査が用いられることも多い。また，投映法や描画法等の心理検査から，その徴候を読みとることもある。

## Ⅱ．代表的な検査の特徴

　ここでは，代表的な包括的な質問紙検査と，臨床場面で評価が求められることの多い抑うつおよび不安関連の検査を概観する（**表 7-1**）。

## 表 7-1　精神症状を調べる検査

| 検査名（略称） | 評価 | 評価者 | 項目数 |
|---|---|---|---|
| BPRS | 包括的 | 医療スタッフ | 16 項目（後に 18 項目） |
| GHQ | 包括的 | 本人 | GHQ60：60 項目／<br>GHQ30：30 項目／<br>GHQ28：28 項目／<br>GHQ12：12 項目 |
| CMI | 包括的 | 本人 | 195 項目（日本版は男性用 211 項目，女性用 213 項目） |
| K10／K6 | 包括的<br>（うつ病・不安障害） | 本人 | K10：10 項目／<br>K6：6 項目 |
| HDRS<br>（通称：HAM-D） | 抑うつ | 医療スタッフ | 21 項目（集計は 17 項目） |
| SDS | 抑うつ | 本人 | 20 項目 |
| CES-D | 抑うつ | 本人 | 20 項目 |
| HAS<br>（通称：HAM-A） | 不安 | 医療スタッフ | 14 項目 |
| PDSS | 不安<br>（パニック障害） | 医療スタッフ | 7 項目 |
| Y-BOCS<br>自己記入式 Y-BOCS | 不安<br>（強迫観念・行為） | 医療スタッフ<br>本人 | 10 項目<br>10 項目 |
| STAI | 不安<br>（状態不安・特性不安） | 本人 | 状態不安 20 項目，特性不安 20 項目 |
| LSAS | 不安（社交不安障害） | 本人 | 24 項目 |
| LOI | 不安（強迫性障害） | 本人 | 69 項目（うち 57 項目について，該当すれば抵抗意識および障害意識の追加質問） |

## 1．包括的な質問紙検査

### （1）医療スタッフが評価するもの

　BPRS（Brief Psychiatric Rating Scale：ビーピーアールエス／簡易精神症状評価尺度）は，オーヴァーオールとゴーラム（Overall & Gorham, 1962）により作成された，16 項目（後に 18 項目）からなる症状評価尺度である。面接時の患者の言語表出，観察，面接状況外での態度について関係者から収集された情報に基づいて，最近 1 週間の状態を，「症状なし」1 点

から「非常に重度」7点までの7段階で評価する。重症度の変化を経時的に把握する目的で，多く用いられてきた検査である。

## (2) 本人が評価するもの

GHQ（General Health Questionnaire: ジーエイチキュウ／精神健康調査票）は，臨床場面だけでなく，一般人口における非器質性非精神病性精神障害のスクリーニングも目的として，ゴールドバーグ（Goldberg, 1972; 1978）により作成された60項目の検査（GHQ60）である。短縮版として30項目のGHQ30，28項目のGHQ28，12項目のGHQ12がある。過去2〜3週間の健康状態について，「まったくなかった」「あまりなかった」「あった」「たびたびあった」の4段階で評価する。集計には，これらに0点から3点を与えるリッカート採点法と，ないほう2つに0点，あるほう2つに1点を与えるGHQ採点法がある。日本語版は，中川・大坊（1985）によって作成されている。

CMI（Cornel Medical Index-Health Questionnaire: シーエムアイ／CMI健康調査票）は，コーネル大学のブロードマンら（Brodman et al., 1949; 1951）により作成された検査で，身体的項目（12区分144項目）と精神的項目（6区分51項目）の計195項目について，2件法で評価する。なお，日本版CMI（金久・深町，2019）は男性用211項目，女性用213項目である。結果の整理では，最初に各区分の「自覚症プロフィル」にプロットする。次に，身体的項目の3項目（心臓脈管系，疲労度，疾病頻度）の合計値を縦軸，精神的項目の合計値を横軸にとった「神経症判別図」で，神経症の度合いを領域Ⅰ〜Ⅳにて判別する。最後に，精神的項目の特定の質問への回答（憂うつ，希望がない，自殺傾向，神経症の既往，精神病院入院既往，家族精神病院入院既往，易怒性，強迫観念，理由のないおびえ）をチェックする。

K10／K6（Kessler Psychological Distress scale: ケー・テン／ケー・シックス／ケスラー心理的苦痛尺度10項目版／6項目版）は，ケスラーら（Kessler et al., 2002）によって作成されたうつ病・不安障害のスクリーニング尺度で，10項目版（K10）と6項目の短縮版（K6）があり，疫学調査等でも使用される。日本語版K6（Furukawa et al., 2008）は，

日本の国民生活基礎調査でも用いられている。過去 1 カ月間の状態について，5 段階（「まったくない」0 点，「少しだけ」1 点，「ときどき」2 点，「たいてい」3 点，「いつも」4 点の計 24 点）で評価する。一般住民の心理的ストレスを評価するカットオフ値は，K10 で 9/10，K6 で 4/5，重度の精神疾患を予測するカットオフ値は，K6 で 24/25，K10 で 12/13 が提案されている。

## 2. 抑うつの質問紙検査
### （1）医療スタッフが評価するもの

HDRS（Hamilton Depression Rating Scale：ハミルトンうつ病症状評価尺度），通称 HAM-D（ハム・ディー）はハミルトン（Hamilton, 1960）によって作成された，心身両面にわたる 17 項目（後に 21 項目）からなる尺度である（Hamilton, 1967）。集計に用いるのは，元の 17 項目である。3 〜 5 段階で評価し，目安は，正常 0 〜 7 点，軽症 8 〜 13 点，中等症 14 〜 18 点，重症 19 〜 22 点，最重症 23 点以上である。

### （2）本人が評価するもの

SDS（Self-rating Depression Scale: エスディーエス／うつ性自己評価尺度）は，ツァング（Zung, 1965）によって作成された，うつ症状の尺度である。20 項目について，その頻度を 4 段階（「ないかたまに」1 点，「ときどき」2 点，「かなりのあいだ」3 点，「ほとんどいつも」4 点）で評価する。日本版は，「SDS うつ性自己評価尺度」（福田・小林，1973）である。回答用紙には判定の目安として，正常群（35 ± 12 点），神経症群（49 ± 10 点），うつ病群（60 ± 7 点）の得点分布が示されている。なお，質問項目は，うつ病患者の心身両面にわたる愁訴を要因分析して得られた，肯定的表現 10 項目と否定的表現 10 項目で構成されている。

CES-D（The Center for Epidemiologic Studies Depression Scale：セス・ディー／うつ病自己評価尺度）は，一般人口におけるうつ病の疫学調査を目的として，米国国立精神保健研究所（National Institute of Mental Health: NIMH）のラドロフ（Radloff, 1977）により作成された。質問項目は SDS，BDI[*1]，MMPI[*2] 等を参考に項目の取捨選択を経

て得られたものであり，過去1週間における症状の頻度について，4因子20項目を4段階（「ない」0点，「1〜2日」1点，「3〜4日」2点，「5日以上」3点）で評価する。対人関係の評価や認知が含まれている点と，SDSと同様に肯定的内容の項目が含まれている点が特徴である。カットオフ値は15/16である。島ら（1985）によって，日本版が作成されている。

## 3. 不安の質問紙検査

### （1）医療スタッフが評価するもの

医療スタッフが評価する検査の多くは，一般的な不安ではなく，各種の不安障害の症状について測定している。

HAS（Hamilton Anxiety Scale: ハミルトン不安評価尺度），通称HAM-A（ハム・エー）は，不安性障害（不安神経症）の重症度を評価する尺度として，ハミルトン（Hamilton, 1959）によって作成された。精神的不安（精神的な動揺や心理的な苦痛）と身体的不安（不安に関連した身体的愁訴）の両面にわたる14項目からなる。「全くない」0点から「重度」4点までの5段階で評価する。その後，構造化面接としてHARS-IG（Hamilton Anxiety Rating Scale-Interview Guide）やSIGH-A（Structured Interview Guide for the Hamilton Anxiety Scale）等が開発されている。

PDSS（Panic Disorder Severity Scale: ピーディーエスエス／パニック障害重症度評価尺度）は，パニック障害と診断された患者について，DSM-IVによる中核的特徴の重症度を評価する目的で，シャーら（Shear et al., 1997）によって作成された。7項目について，臨床面接評価を行う。日本語版として，PDSS-Jがある（Yamamoto et al., 2004）。過去1カ月について，「なし／存在しない」0点，「軽症／ときどき症状が見られる／軽度の障害」1点，「中等症／しばしば症状が見られる／いくらかの障害が見られるがまだ手に負える」2点，「重症／もっぱら症状にとらわれている／かなりの機能障害」3点，「極度に重症／ほとんど常に場面に関わらず症

---

*1　Beck Depression Inventory（ビーディーアイ／ベック抑うつ質問票）
*2　Minnesota Multiphasic Personality Inventory（エムエムピーアイ／ミネソタ多面的人格目録）

状あり，機能できない」4 点で評価する。

Yale-Brown Obsessive-Compulsive Scale（Y-BOCS: ワイ・ボックス／Yale-Brown 強迫観念・強迫行為評価スケール）は，グッドマンら（Goodman et al., 1989）によって作成された評価尺度である。症状評価リストで強迫観念と強迫行為をチェックし，重症度質問票で各症状について最近 1 週間の状態を評価する。後に，自己記入式 Y-BOCS も公開され，その日本語版は浜垣ら（1999）によって作成されている。自己記入式 Y-BOCS では，最初に強迫観念について 9 下位尺度 41 項目，および，強迫行為について 7 下位尺度 17 項目の計 58 項目の症状評価リストから，現在の症状，過去の症状，もっとも障害となっている強迫観念 3 つ，もっとも障害となっている強迫行為 3 つをチェックする。次に，最近 1 週間の強迫観念・強迫行為について 5 項目ずつ，計 10 項目からなる重症度質問票で，0 ～ 4 点の 5 段階評価を行う。判定の目安は，正常 0 ～ 7 点，軽度 8 ～ 15 点，中等度 16 ～ 23 点，重度 24 ～ 31 点，極度 32 ～ 40 点である。

### (2) 本人が評価するもの

#### ①　一般的な不安

STAI（State-Trait Anxiety Inventory: スタイ／状態－特性不安検査）は，不安症状を，不安を喚起する事象に対する一過性の状況反応である状態不安（state anxiety）と，不安体験に対する比較的安定した反応傾向である特性不安（trait anxiety）から捉える不安理論に基づき，シュピールバーガーら（Spielberger, Gorsuch, & Lushene, 1970）によって作成された。それぞれ 20 項目，計 40 項目について 4 段階で頻度を評価する。STAI には複数のバージョンがあり，STAI-Form X の日本版は「STAI 状態・特性不安検査（Form X）」（中里・水口，1982; 水口・下仲・中里，1991），日本人の情緒特性を考慮して項目が追加された STAI-Form JYZ は「新版 STAI　状態-特性不安検査」（肥田野ら，2000）である。

#### ②　不安障害の症状

不安障害として，ここでは社交不安障害と強迫性障害の検査を紹介する。

LSAS（Liebowitz Social Anxiety Scale: エル・サス／リーボヴィッツ社交不安尺度）は，社交不安障害の測定のために，リーボヴィッツ

（Liebowitz, 1987）により作成された。行為状況（他人の前で何らかの動作をする状況）13 項目と社交状況（他人から注目を浴びる可能性のある状況）11 項目からなる 24 項目について，過去 1 週間の症状を 4 段階で評価する。なお，質問文に示された状況に置かれる機会がなければ，想像でつける。恐怖感／不安感の程度は，「全く感じない」0 点，「少しは感じる」1 点，「はっきりと感じる」2 点，「非常に強く感じる」3 点，回避の程度は，「全く回避しない 0 点」，「回避する（確率 1/3 以下）1 点」，「回避する（確率 1/2 程度）2 点」，「回避する（確率 2/3 以上または 100 ％）3 点」である。日本語版は，LSAS-J（Liebowitz Social Anxiety Scale 日本語版）（朝倉ら，2002）である。境界域 30 点，中等度 50 〜 70 点，中等度〜重度（さらに症状が著しい）70 〜 90 点で評価する。

　LOI（Leyton Obsessional Inventory: エルオーアイ／レイトン強迫性検査）は，強迫性障害の測定のために，クーパー（Cooper, 1970）により作成された。日本版は，福山ら（1983）によって開発されている。強迫症状 46 項目と強迫性格 23 項目の計 69 項目について，「はい」1 点と「いいえ」0 点の 2 件法で評価する。うち，強迫症状 34 項目と強迫性格 23 項目で「はい」と回答した場合には，抵抗意識と障害意識の追加質問がある。抵抗意識は 5 段階（「当然のことだと思う」0 点，「習慣のように行っている」および「必要でないがやめようと思わない」1 点，「やめたい」2 点，「ぜひやめたい」3 点），障害意識は 4 段階（「困っていることは全くない」0 点，「少し困っている」1 点，「かなり困っている」2 点，「非常に困っている」3 点）で評価する。LOI 得点はこれら 4 尺度の合計である。

## Ⅲ．臨床での実際の使い方

　検査によって症状の定義が異なっている可能性には，留意が必要である。また，症状／状態像は疾患名と 1 対 1 で対応するものではない。例えば，うつ状態という状態像はうつ病以外の疾患にも併発するし，強迫症状は強迫性障害だけでなく，当該症状を伴う他の疾患でも得点が高くなる。検査を選択する際は，検査の感度・特異度や測定しているのが頻度なのか重症度なの

かによって，臨床診断の補助や重症度の経時的確認に適した検査なのか，一般人口内での疫学調査や一次検診等のスクリーニングに適した検査なのかも異なってくる。検査の開発目的や想定している対象集団を確認して，用いる検査を選択する必要がある。

　症状は数日，数カ月単位で変動することがあり，さらに，直前のイベントによる影響も受ける。うつ症状等のように日内変動があるケースでは，検査の時間帯によっても結果が影響されることがあるため，可能であれば時間を考慮し，経時的に重症度を測定する場合は時間帯を一定に保つなどの工夫が求められる。検査所見には，実施年月日だけでなく，時間帯も記載しておくことが望ましい。また，不安等の症状は，生物学的・心理学的・社会的な側面に広範囲にわたるため，重み付けやカットオフ値の設定がそもそも難しい検査であることを念頭に置いておきたい。測定している症状／状態像がもともとの特性であるのか，何らかの刺激による一時的な状態であるのかも，実際にはわかりづらいことがある。いずれにしても，判断を検査だけに頼るのでなく，面接による生育歴や生活歴の聴取等と合わせて所見を作成することが望ましい。家族や支援者等からの情報を得ることが役立つ例もある。

　医療スタッフが臨床面接評価を行う検査の場合は，評価のための構造化面接や半構造化面接が作成されているものを用いることで，バラツキを小さくすることができる。最初に面接の目的を説明し，ラポールを形成するための時間を見込んでおくこと，症状についての質問を行う際は，オープン・クエスチョンで始めて自発的な発言や行動を引き出し，次いで，クローズド・クエスチョンで細部を明確にする，等の手順や質問例が示されているものが多い。なお，測定者が日頃から重症例に対応することが多いか，初発例や軽症例への対応が多いかで，評点に測定者バイアスが生じる可能性がある。

　本人が評価する場合は，例えば社交不安障害を測定する LSAS-J では，インタビューガイドを用いて場面設定を本人に行ってもらい，継続的に評価する方法も有用である。特に，治療反応性の検討を行う場合は，想定されている状況を一定にすることが望ましい。

## Ⅳ．フィードバックの仕方

　検査のメリットと限界を十分に伝えることは，精神症状を調べる検査に限らず必要なプロセスである。

　その上で，被検査者の心身の機能（function），活動（activity），参加（participation）の状態，さらに，これらに影響を与える環境因子や個人因子等の背景因子を念頭に置きつつ，本人の困りごとやニーズと検査結果を結びつなげながらフィードバックすることが，自己理解や治療への動機づけを高めていく。活動とは，個人レベルでの課題や行為の遂行のことであり，日常生活動作（Activities of Daily Living: ADL）や手段的日常生活動作（Instrumental Activities of Daily Living: IADL）等を含む。参加とは，生活や人生場面（life situation）への関わりのことで，社会的な出来事に関与し，役割を果たすことである。精神症状の検査では，項目がこれら3つの構成要素にまたがっていることがあるため，検査結果や検査外で得られた情報を総合して，要素間の相互作用と照合し，整理して説明できるとよい。図示の導入も工夫として考えられる。その際，何が阻害因子となっているかだけではなく，促進因子として利用できる本人の強みを合わせて伝えることが望まれる。さらに，どの構成要素のどんなところから取り組んでいけるかを本人と具体的に話し合うことで，主体的取り組みの姿勢を育てることができる。

　なお，本人の症状や特性によって，説明の長さや方法等への配慮が必要であることは言うまでもない。

## Ⅴ．まとめ

　検査を行う場合は，検査者とのラポール形成や，症状／状態像の特性が検査に与える影響を理解した上で，実施，解釈する必要がある。また，精神疾患は長期の経過を辿るものも多く，本人の主体的取り組みなしには改善が難しい。単なる異常の診断で終わらず，自己理解や治療への動機づけにつなが

る検査が求められる。

**【引用文献】**

朝倉 聡・井上誠士郎・佐々木史・佐々木幸哉・北川信樹・井上 猛・傳田健三・伊藤ます
　み・松原良次・小山 司（2002）Liebowitz Social Anxiety Scale（LSAS）日本語
　版の信頼性及び妥当性の検討. 精神医学, **44**（10）, 1077-1084.

Brodman, K., Albert, J., Erdmann, Jr. A. J., Lorge, I., Wolff, H. G., & Broadbent,
　T. H. (1949) The Cornell Medical Index: An adjunct to medical interview.
　*Journal of the American Medical Association*, **140** (6), 530-534.

Brodman, K., Albert, J., Erdmann, Jr. A. J., Lorge, I. Wolff, H. G., & Broadbent,
　T. H. (1951) The Cornell Medical Index—Health Questionnaire: II. As a diag-
　nostic instrument. *Journal of the American Medical Association*, **145** (3),
　152-157.

Cooper, J. (1970) The Leyton Obsessional Inventory. *Psychological Medicine*,
　**1** (1), 48-64.

福田一彦・小林重雄（1973）自己評価式抑うつ性尺度の研究. 精神神経学雑誌, **75**,
　673-679.

福山嘉綱・高見堂正彦・玉城嘉和・山田正夫・種田真砂雄（1983）Obsessional In-
　ventory（Leyton）の応用（1）. 神奈川県精神医学会誌, **33**, 85-92.

Furukawa, Ta., Kawakami, N., Saitoh, M., Ono, Y., Nakane, Y., Nakamura, Y.,
　Tachimori, H., Iwata, N., Uda, H., Nakane, H., Watanabe, M., Naganuma, Y.,
　Hata, Y., Kobayashi, M., Miyake, Y., Takeshima, T., & Kikkawa, T. (2008)
　The performance of the Japanese version of the K6 and K10 in the World
　Mental Health Survey Japan. *International Journal of Methods in Psychiat-
　ric Research*, **17** (3), 152-158.

Goldberg, D. P. (1972) *The Detection of Psychiatric Illness by Questionnaire*.
　Oxford University Press.

Goldberg, D. P. (1978) *Manual of the General Health Questionnaire*.
　NFER-Nelson.

Goodman, W. K., Price, L. H., Rasmussen, S. H., Mazure, C. Fleischmann, R. L.,
　Hill, C. L., Heninger, G. R., & Charney, D. S. (1989) The Yale-Brown Obses-
　sive Compulsive Scale: I. Development, use, and reliability. *Archives of Gen-
　eral Psychiatry*, **46** (11), 1006-11.

浜垣誠司・高木俊介・漆原良和・石坂好樹・松本雅彦（1999）自己記入式 Yale-Brown
　強迫観念・強迫行為尺度（Y-BOCS）日本語版の作成とその検討. 精神神経学雑誌,
　**101** (2), 152-168.

Hamilton, M. (1959) The assessment of anxiety states by rating. *British Jour-*

*nal of Medical Psychology*, **32** (1), 50-55.

Hamilton, M. (1960) A rating scale for depression. *Journal of Neurology, Neurosurgery and Psychiatry*, **23**. 56-62.

Hamilton, M. (1967) Development of a rating scale for primary depressive illness. *British Journal of Social and Clinical Psychology*, **6**, 278-96.

金久卓也・深町　建（2019）CMI: その解説と資料 改訂増補 2 版．三京房．

Kessler, R. C., Andrews, G., Colpe, L. J., Hiripi, E., Mroczek, D. K., Normand, S. L. T., Walters, E. E., & Zaslavsky, A. M. (2002) Short screening scales to monitor population prevalences and trends in non-specific psychological distress. *Psychological Medicine*, **32** (6). 959-76.

肥田野直・福原眞知子・岩脇三良・曽我祥子・Spielberger, C. D.（2000）新版 STAI マニュアル第 1 版．実務教育出版．

Liebowitz, M. R. (1987) Social phobia. *Modern Problems of Pharmacopsychiatry*, **22**, 141-173.

水口公信・下仲順子・中里克治（1991）日本版 STAI 使用の手引き．三京房．

中川泰彬・大坊郁夫（1985）日本版 GHQ 精神健康調査票手引．日本文化科学社．

中里克治・水口公信（1982）新しい不安尺度 STAI 日本版の作成：女性を対象とした成績．心身医学，**22** (2), 107-112.

Overall, J. E. & Gorham, D. R. (1962) The Brief Psychiatric Rating Scale. *Psychological Reports*, **10**, 799-812.

Radloff, L. S. (1977) The CES-D scale: A self-report depression scale for research in the general population. Applied *Psychological Measurement*, **1** (3), 385-401.

Shear, M. K., Brown, T. A., Barlow, D. H., Money, R., Sholomskas, D. H., Woods, S. W., Gorman, J. M., & Papp, L. A. (1997) Multicenter Collaborative Panic Disorder Severity Scale. *American Journal of Psychiatry*, **154** (11). 1571-1575.

島　悟・鹿野達男・北村俊則・浅井昌弘（1985）新しい抑うつ性自己評価尺度について．精神医学，**27**, 717-723.

Spielberger, C. D., Gorsuch, R. L., & Lushene, R. E. (1970) *STAI manual*. Consulting Psychologists Press.

Yamamoto, I., Nakano, Y., Watanabe, N., Noda, Y. Furukawa, Ta., Kanai, T., Takashio, O., Koda, R. Otsubo, T., & Kamijima, K. (2004) Cross-cultural evaluation of the Panic Disorder Severity Scale in Japan. *Depression and Anxiety*, **20** (1), 17-22.

Zung, W. W. K. (1965) A self-rating depression scale. *Archives of General Psychiatry*, **12**, 63-70.

# 8章
# その他の検査

種市康太郎・内田桃人

## Ⅰ. はじめに

　心理検査では，クライエントの社会適応上の種々の状態像を調べることができる。本稿では QOL 尺度，職業適性検査，内田クレペリン精神検査を紹介する（**表 8-1**）。これらは測定内容や方法は異なるものだが，クライエントの状態像をより多面的に評価可能な検査である。

## 1. QOL 尺度

　QOL は Quality of Life（生活の質）のことであり，医療分野で注目されている。特に健康関連 QOL（Health Related Quality of Life: HRQOL）の尺度が使われている。健康関連 QOL とは「疾患や治療が，患者の主観的健康感（メンタルヘルス，活力，痛み，など）や，毎日行っている仕事，家事，社会活動にどのようなインパクトを与えているか，これを定量化したもの」（福原，2002）である。

　健康関連 QOL が注目される理由は 2 つある。ひとつは，患者報告アウトカム（Patient-reported outcome: PRO）への注目である。例えば，腰痛患者をアセスメントする際は，医学的状態像の評価は必要だが，それ以上に，主観的健康感，生活機能に与える影響に関する本人の評価も重要である。医学的に腰痛自体は重篤ではないとしても，患者自身は主観的健康観が低く，歩行や階段の上り下りが不自由となり，家にこもりがちになるという経験をしていたりする。つまり，個人あるいは家族，さらには社会にとって意義・切実性がある部分を評価することが重要である（福原，2002）。

　もうひとつは，医療技術の経済評価が社会的に求められ，健康状態の QOL を定量的に評価する手法が必要とされているためである（池田ら，

表 8-1　その他の検査

| 検査名 | 対象年齢帯 | 回答者 | 実施法 | 実施時間 |
|---|---|---|---|---|
| QOL | | | | |
| 　SF-36v2 | 16 歳以上 | 一般人，患者 | 自記式または面接 | 5 分程度 |
| 　WHO QOL26 | 18 歳以上 | 一般人，患者 | 自記式またはオンライン | 10 分程度 |
| 　EQ-5D | 18 歳以上 | 一般人，患者 | 自記式 | 3 分程度 |
| 職業適性検査 | | | | |
| 　GATB | 13 歳から45 歳程度 | 生徒，学生，一般人 | 紙筆検査（集団も可能）および器具検査 | 60 分程度 |
| 　職業レディネス・テスト | 13 歳から20 歳程度 | 中学生〜大学生 | 自記式 | 40 〜 45 分程度 |
| 内田クレペリン精神検査 | 中学生から成人 | 生徒，学生，一般人 | 紙筆検査（集団も可能） | 50 分程度 |

2015)。特に，近年利用が進んでいる質調整生存年（Quality-Adjusted Life Year: QALY ／クオリー）の算出に QOL 測定が用いられる。

## 2．職業適性検査，内田クレペリン精神検査

　本間（2022）によると，職業適性はパーソナリティと能力に分けられる広義での職業適合性の能力的側面のうち，基礎的な能力としての適性能（aptitude）を一般的に示すといわれている。職業適性検査は能力を中心に測定するものが多いが，職業興味，職業観などを含めて測定するものもある。

　内田クレペリン精神検査は，受検者に一桁の数字の連続加算作業を計 30 分行わせる作業検査法に属する心理検査である。この検査は能力面と性格・行動面の両方を評価でき，企業・組織の採用・配置，安全管理，学校での教育効果の測定，進路指導などに用いられている。

## Ⅱ．代表的な検査の特徴

### 1．QOL 尺度

　下妻（2015）によれば，QOL 尺度には健康状態を詳しく測定する「プロファイル型尺度」と，健康効用値としての QOL を測定する「価値付け型尺度」がある。「プロファイル型尺度」の代表的な尺度に SF-36，WHO QOL26 がある。

　SF-36（Short Form 36 ／エスエフ・サンジュウロク）は健康関連 QOL を包括的に測定する調査票である（福原・鈴鴨，2004）。日本では現在，SF-36 を改良した SF-36v2 が使われている。SF-36v2 は，身体的健康度に関連するとされる「身体機能」「日常役割機能（身体）」「体の痛み」「全体的健康感」の 4 下位尺度 21 項目，精神的健康度に関連するとされる「活力」「社会生活機能」「日常役割機能（精神）」「心の健康」の 4 下位尺度 14 項目により構成されている。さらに健康全般についての 1 年間の変化を尋ねる項目を加え，合計 36 項目である。調査票は自記式と面接式とがある。

　WHO QOL26（WHO Quality of Life 26: キューオーエル）は世界保健機関（WHO）が開発した生活の質（QOL）を測定する自記式調査票である（世界保健機関・精神保健と薬物乱用予防部，1997）。質問は「身体的領域」「心理的領域」「社会的関係」「環境領域」の QOL を問う 4 尺度 24 項目と，QOL 全体を評価する 2 項目の合計 26 項目により構成されている。

　一方，「価値付け型尺度」の代表的なものに EQ-5D（EuroQol 5 Dimension: イーキュー・ファイブディー）がある（池田ら，2015）。これは「移動の程度」「身の回りの管理」「ふだんの活動」「痛み／不快感」「不安／ふさぎ込み」の 5 項目からなる。これらの 5 項目の回答パターンにより QOL が計算され，その結果に基づき質調整生存率（QALY）が算出される。QALY は QOL に生存年数をかけることで求められる。例えば，QOL が 0 から 1 の値を取るとして，1 の状態で 1 年生きること（1×1=1）と，0.1 の状態で 10 年生きること（0.1×10=1）は等しいと換算される。つまり，

「完全な健康状態」と「寝たきりの状態」では同じ1年でも質的に異なるという考えから，質を加味した生存年数を算出したものがQALYである。治療により得られる高いQOL状態での生存年数をQALYで評価できる。その計算の元になるのがEQ-5Dである。

　ここまでは全般的なQOLを測定する尺度を紹介したが，特定疾患におけるQOLを測定する尺度もある。杉江（2004）は，難病患者に共通の主観的QOL尺度のほか，筋萎縮性側索硬化症（Amyotrophic Lateral Sclerosis: ALS），パーキンソン病，潰瘍性大腸炎・クローン病を対象とした特定疾患用のQOL尺度を紹介している。

## 2．職業適性検査

　職業適性検査の代表的なものにGATB（General Aptitude Test Battery: ジーエーティービー／厚生労働省編一般職業適性検査）（進路指導・職業指導用）がある（厚生労働省職業安定局，2013）。GATBは15の下位検査から構成され，11種類（円打点，記号記入，形態照合，名詞比較，図柄照合，平面図判断，計算，語意，立体図判断，文章完成，算数応用）は鉛筆で回答させ，4種類（差し込み，さし換え，組み合わせ，分解）は器具を用いる。例えば，円打点という検査は，蛇行する線の上に○印がいくつも描かれ，受検者はその○の中に点を打つよう求められる。

　次に，職業レディネスを調べるものとして，VRT（Vocational Readiness Test: ブイアールティー／職業レディネス・テスト）（第3版）がある（独立行政法人 労働政策研究・研修機構，2006）。職業レディネスとは，将来の職業選択に影響を与える心理的な構えと考えられている。職業レディネス・テストでは，このうち，基礎的志向性と職業志向性を測定する。

　検査はA検査，B検査，C検査の3種類から構成される。このうちB検査は基礎的志向性として，どのような活動に関心があるかを「対情報」「対人」「対物」の3側面から測定する。A検査は職業興味，C検査は職業遂行の自信度を測定するものであり，6つの職業興味に関する領域（R: 現実的，I: 研究的，A: 芸術的，S: 社会的，E: 企業的，C: 慣習的）について評価を行う。

## 3. 内田クレペリン精神検査

内田クレペリン精神検査（外岡・日本・精神技術研究所，1976）では一桁の数字の連続加算作業を行わせる。練習試行の後，1 分ごとに行替えしながら休憩を挟んで前後期各 15 分，計 30 分行わせる。行替えにより 1 分ごとの作業量がわかるため，検査終了後，各行の最後の回答を書き終わった右側の印刷数字を結べば作業曲線を描くことができる。平均作業量や後期の上回り率（一般に後期は作業量が増加する）を計算する。一部の行を抽出して誤答数を調べる。

作業量は，Ⓐ，A，B，C，D の 5 段階の量級段階で評価し，主に能力面の評価に使用する。作業曲線や誤答は性格・行動面の特徴を見るために用いられる。

心的活動の調和・均衡がよく保たれていて，性格・行動ぶりの面で問題がない人々の検査結果を定型と呼ぶ。定型とは著しく異なり，様々な偏り（誤答多発，大きい落ち込みや突出，激しい動揺や動揺の欠如，後期作業量の下落，後期初頭の出不足，作業量の著しい不足など）があるものを非定型と呼ぶ。作業量と定型・非定型の度合いにより，24 の曲線類型が作られ，受検者の作業曲線の特徴を明らかにする。

また，作業曲線の特徴から作業時の「発動性（取りかかり）」「可変性（気分や行動の変化）」「亢進性（強さや勢い）」を評価する。

## Ⅲ. 臨床での実際の使い方

## 1. QOL 尺度

QOL 尺度は，身体・精神症状の評価と共に用いるのが望ましいであろう。つまり，医学的または心理学的な状態像評価とは別に，クライエント本人の主観的な健康感や，生活機能に与える影響を評価する上で用いる。

QOL 評価尺度には「プロファイル型尺度」と「価値付け型尺度」があるが，「価値付け型尺度」は全般的な QOL は評価できても，個々の側面は評価しにくい。「プロファイル型尺度」のほうが特徴は捉えやすい。

例えば，SF-36v2 であれば 8 つの下位尺度の中でのスコアの高低と，プ

ロフィールの中での低得点の下位尺度に着目する。その点がクライエントにとっては困難を感じる部分であるとして，クライエントへの働きかけの際に活用する。また，治療過程において複数回測定し，時系列的変化を評価することもできる。

## 2.　職業適性検査

　GATB では，まず，下位検査の得点を算出する。次に，下位検査の得点を組み合わせ，9 種類の適性能（知的能力，言語能力，数理能力，書記的知覚，空間判断力，形態知覚，運動共応，指先の器用さ，手腕の器用さ）を評価する。その結果を 13 の職業領域，40 の職業群が並んだ適性職業群整理票に記載し，各職業との照合結果を示すことができる。

　知能検査の評価に似ているが，WAIS の合成得点のように，まとめての傾向は評価できないので，評価者がバラバラの評価結果をある程度読み込む必要はある。

　職業レディネス・テストでは，職業活動の関心度，職業興味，職業遂行の自信度のそれぞれをプロフィールに描くことができる。特に高値を示した内容は，具体的な職業や職種と結びつけて説明できるとよいだろう。A 検査は職業興味，C 検査は職業遂行の自信度を示し，2 つのプロフィールの差を見つけることで，例えば，興味はあっても自信のない領域が明らかになる。これらの領域は，例えば，キャリア教育における職業理解やインターンシップなどの職業経験の中で自信度を高めていける可能性のある分野と考えられる。

## 3.　内田クレペリン精神検査

　内田クレペリン精神検査は，一般的には企業・組織の採用時の適性検査として用いられることが多いが，臨床場面でも用いられる。ひとつは，職業適応上の問題が生じた場合に，能力や性格上の問題の具体的状態を把握するためである。もうひとつは，職場復帰支援の前後において実施し，病状や職業能力の回復度合いを見るためである。

　内田クレペリン精神検査は作業検査であるため，受検者の作為的意図が入

りにくい。また，作業量により結果が示されるため，病状や職業能力の回復
度合いを客観的に示しやすい。本人だけでなく，職場復帰時に人事，上司，
産業保健スタッフにも説明しやすい。

# Ⅳ．フィードバックの仕方

## 1．QOL 尺度

　QOL 尺度はクライエント本人の主観的評価である。したがって，評価的
観点よりも，本人の心境を共感的に理解する観点からフィードバックするの
が望ましい。つまり，得点の高低は，クライエント自身の身体的・精神的健
康の感じ方や，日常生活や社会生活の不自由さの評価であるから，説明の中
で，クライエントの思いが具体的に表現できるように関わるとよいだろう。

　また，時系列評価によって，過去との比較で治療経過を振り返ったり，治
療意欲を高めたりすることにつながる可能性もある。将来の治療目標につい
ても，QOL を話題にすることで具体的な生活場面に結びつけて考えてもら
うことができるだろう。

## 2．職業適性検査

　職業適性検査や職業レディネス・テストのフィードバックの場面には，生
徒・学生のキャリア教育の場面と，在職中のクライエントの相談場面がある。

　生徒・学生のキャリア教育の場面で，職業適性検査の結果をそのまま伝え
ると，興味のある職業がなかったことを気にして「自分は向く仕事がない」
と否定的に捉える可能性があるので工夫が必要である。まず，得点の良かっ
た適性能を中心に説明し，生徒・学生の能力がどんな職業や職種に結びつき
やすいかを説明する。その中で興味を持った職業や職種を詳しく調べてもら
うことで職業理解のきっかけにできる。

　職業レディネス・テストでも，職業興味と職業や職種を結びつけて説明し，
職業理解に役立てる。特に興味はあるが自信がない内容は，キャリア教育や
インターンシップなどの職業経験の中で自信度を高めていける可能性のある
分野であると説明する。

　在職中のクライエントに職業適性検査を実施する場合には，クライエントの能力を評価すると同時に，苦手な点，つまり，適応が必要な側面を明らかにできるようにフィードバックする。

　職業レディネス・テストにおける職業興味に関する結果をきっかけに，職業興味（Will），できること（Can），しなければならないこと（Must）を自己分析してもらうこともできる。興味はあるができないことや，興味はないがしなければならないことを明確にすることで，現在の職場での適応状況や，今後のキャリアを検討することに活用する。

## 3. 内田クレペリン精神検査

　内田クレペリン精神検査は，検査実施の目的によってフィードバックの仕方が異なる。職業適応上の問題が生じている場合には，本人の良い点と同時に，不足している点も指摘しながら，それが実際の働きぶりにどのように表れているかを振り返ってもらう。

　職場復帰支援の経過においては，本人の努力の結果や回復の経過について，前後の検査結果を比較しながらフィードバックするとよいだろう。休職のきっかけになった性格・行動面の特徴が作業曲線などに表れていると考えられる場合は，その点も指摘してみるとよいかもしれない。職場復帰に近づいた段階では，自分に関する外からの指摘も受け入れる態度が見られることが多い。本人の自己理解の具合をアセスメントする材料のひとつとして活用できるだろう。

# V. まとめ

　その他の尺度としてQOL尺度，職業適性検査，内田クレペリン精神検査を紹介した。いずれも社会適応上の種々の状態像を示すものだが，その測定内容や背景は異なる。それぞれのクライエントの特徴や状態に合わせて，適宜使用するとよいだろう。

**【引用文献】**

独立行政法人 労働政策研究・研修機構（2006）職業レディネス・テスト第 3 版手引. 雇用問題研究会.

福原俊一（2002）臨床のための QOL 評価と疫学. 日本腰痛会誌，**8**（1），31-37.

福原俊一・鈴鴨よしみ（2004）SF-36v2 日本語版マニュアル. 健康医療評価研究機構.

本間啓二（2022）職業適性. 日本キャリア・カウンセリング学会（監修）廣川 進・下村英雄・杉山 崇・小玉一樹・松尾智晶・古田克利（編）　キャリア・カウンセリングエッセンシャルズ 400. 金剛出版，98.

池田俊也・白岩 健・五十嵐中・能登真一・福田 敬・齋藤信也・下妻晃二郎（2015）日本語版 EQ-5D-5L におけるスコアリング法の開発. 保健医療科学，**64**（1），47-55.

厚生労働省職業安定局（2013）厚生労働省編一般職業適性検査手引——進路指導・職業指導用（改訂 2 版）. 雇用問題研究会.

世界保健機関・精神保健と薬物乱用予防部（編），田崎美弥子・中根允文（監修）（1997）WHO QOL26 手引改訂版. 金子書房.

下妻晃二郎（2015）QOL 評価研究の歴史と展望. 行動医学研究，**21**（1），4-7.

杉江拓也（2004）特定疾患と QOL. 保健医療科学，**53**（3），191-197.

外岡豊彦・日本・精神技術研究所（1976）内田クレペリン精神検査・基礎テキスト増補改訂版第 2 刷. 日本・精神技術研究所.

# 第2部

# 多職種協働やコミュニティに
# おける臨床心理検査の実際

心理職の働く領域は広く，自分が携わったことのない領域において，どのように臨床心理検査が用いられているのか，よくわからないこともあろう。また，心理職の働き方や制度そのものが変化しており，いまどのように臨床心理検査が用いられているのかに関してイメージできない場合もあろう。そのため，代表的な心理臨床領域において，実際に臨床心理検査がどのように実施され，どのように検査の結果などが対象者や多職種の間で共有されているのか，コミュニティの視点をふまえて解説した。

# 9章

**矯正場面** 法務少年支援センターでの活用

石川佳代子

## I. 法務少年支援センターの業務について

### 1. 法務少年支援センターとは

　法務少年支援センターという言葉が誕生してからまだ日が浅く，なじみがある人は少ないかもしれない。平成27（2015）年6月1日に施行された少年鑑別所法第131条に規定されている，少年鑑別所に併設されている相談機関である。少年鑑別所が有する非行等に関する専門的知識を活用し，主に地域社会における非行および犯罪の防止を目的とした援助活動を行っている。相談の対象者は，地域社会の少年や保護者等といった個人に加え，関係機関・団体からの求めにも応じており，情報提供や助言，各種心理検査，心理的援助，研修・講演等を実施している。

　少年鑑別所法で規定される以前から，少年鑑別所では「一般相談」という枠組みで，地域社会の人々の相談に応じる業務を行っていた。しかし，少年鑑別所法の施行に伴い，少年鑑別所の業務の一環として「地域援助」という名称の下，明確に規定されることになった。それによって，相談体制の整備や相談業務に関する知見の蓄積が進むとともに，地域社会の様々な人々とのネットワークが広がっている。従前は，少年鑑別所内という，いわば閉じられた世界での業務が主であったところ，「多職種協働とコミュニティにおける臨床心理」へ展開しているのである。

### 2. 法務少年支援センターにおける相談業務の概要

　次に，法務少年支援センターが実際にどのような相談業務をどれくらい行っているか，統計情報を基に概観する。直近3年間，全国の法務少年支

援センターにおいて実施した地域援助業務のうち，少年や保護者等個人からの依頼による援助は，年間延べ 4,000 人超で推移している（法務省法務総合研究所，2019; 2020; 2021）。他方，機関・団体からの求めによる援助については，令和 2（2020）年の総実施件数は 8,000 弱となっており，前年に比べて減少したものの，平成 27（2015）年に地域援助業務を開始して以降，増加傾向にあると指摘されている（法務省法務総合研究所，2021）。依頼元機関の内訳を見ると，学校や教育委員会等の教育関係の構成比が最も高く，総数の約 3 分の 1 を占めている。そのほか，児童相談所や子ども家庭支援センター，地域生活定着支援センター等の福祉・保健関係，都道府県警察や検察庁等の司法関係といった様々な関係機関・団体と連携している。

　機関・団体からの求めによる援助には，個別のケースの相談や事例検討会への参加以外に，講演や研修といった活動も含まれている。令和 2（2020）年はコロナ禍により件数が減少しているものの，それまでは増加傾向にあった（法務省法務総合研究所，2021）。講演・研修を通じて，地域の関係機関の人々に法務少年支援センターの存在を知ってもらい，非行や犯罪に関する相談ができる機関として認識してもらえるよう努めている。

　なお，法務少年支援センターの相談業務に従事している職員は，少年鑑別所で勤務している法務技官（心理）や法務教官が中心である。その多くが公認心理師資格を取得していたり，資格に興味をもっていたりする者であり，本書を手にしている読者と同志である。

## Ⅱ．法務少年支援センターにおける心理検査結果の活用

### 1．相談内容の特徴と心理検査の意義

　法務少年支援センターは主に非行・犯罪に係る相談を受けていることもあり，対象者本人よりも周りの人々から相談が寄せられることが多い。つまり，対象者は周囲を困らせる存在として，法務少年支援センターに「連れて来られる」ので，誰かに相談したいとか話したいといったニーズが少ない。話すことに必要性を余り感じていない対象者が，法務少年支援センターの職員と出会うというところから相談活動が始まる。しかし，実のところ，対象者も

何らかに困難を抱えた結果，問題行動とされる振る舞いに及んでいるのであり，周りの人とは違った「困り感」を有している。それでいて，対象者は困っていることを表立って他者に示していないか，自分が今困っているとか悩んでいるという感覚自体に気づいていない，という状態をよく目にする。

　このように，対象者と周囲の人はそれぞれ「困り感」を持ちつつも，困っている内容が異なっている上，それが顕在化されていない。これは，法務少年支援センター特有の課題というわけではなく，来談者が自ら望んでカウンセリングに来ていない場合や，学校・福祉領域でも起こりうると思われるので，心当たりのある読者も多いのではないだろうか。法務少年支援センターでの相談活動においては，対象者と周りが各々何に対して問題意識を持っているか，来談を通じてその問題に関してどうアプローチしていくか，法務少年支援センターはどのような手助けができるか，といった内容を言語化して共有することを出発点としている。このすり合わせの作業が，相談の肝であるとしても過言でない。

　その際，対象者が感じている「困り感」と，周囲が捉えている主訴をつないでいく橋渡し役として，心理検査が有効に機能する。なぜならば，心理検査は，対象者が意識していることのみならず，自覚していないことも浮き上がらせることのできる効果的なツールだからである。心理検査を実施し，その結果をフィードバックすることによって，対象者の立場から相談ニーズを拾い上げる一助となる。そして，対象者のニーズと周りの人の主訴を相談の場に上げ，両者の目標や願望がさほどかけ離れたものではないことを分かち合えれば，二者の対立構造は幾分緩む。こうした緊張状態が緩和されるとともに，来談を通じて少しずつ対象者の悩みや困りごとが減れば，周囲の人々の主訴も同時に解消に向かう，という現象を筆者はしばしば経験する。

　二者関係の問題については，神田橋（1997）も述べているように，当該の二者だけでやっていこうとするのではなく，ほかの要素や助力を加えるという介入が望ましい。すなわち，第 1 段階として，心理検査の結果を相談のテーブルに載せ，それを対象者と相談員が共に眺めるという三項関係がある。第 2 段階では，そこから映し出されたこと（対象者のニーズ）をまた新たな材料として，対象者を取り巻く人々との会話のテーブルに載せていけ

ば，新しい三項関係が生み出される。それによって，対象者が周囲の人々と対決せずともよくなる，という構造の変化が生じる。対象者と周りの人が綱引き状態でこう着していたところ，「綱引きじゃなく，別の競技，何なら競うのもやめて，ダンスでも踊りましょうか」といざなっていくのが，心理支援を行う者の役割である。

## 2.　心理検査の実施

　では，法務少年支援センターにおいて，どのような心理検査を実施しているかについて概説する。知的能力や情報処理・認知等に問題がうかがえる場合には知能検査（WISC-Ⅳや KABC-Ⅱ[*1]等）を実施するほか，現在の心理状態・性格特徴を把握し，共有することが望ましいと判断される場合には自記式の TEG®[*2]や，ロールシャッハ・テスト，バウムテスト等の描画テストを行う。また，家族の養育態度を理解・共有したい場合は自記式のFDT[*3]を実施することもある。

　筆者は，心理検査の中でも特にバウムテスト（3枚法）を実施することが多い。言語を用いずにやりとりできるため，言語能力や年齢によらず幅広い対象者に適用できるという利点がある。法務少年支援センターというと，思春期以降の非行少年が主な対象者となるイメージをもたれるかもしれないが，実は小学生や成人まで様々である。また，言語化を必要としないため，意識・前意識・無意識に幅広くアプローチし，対象者の全体的な理解に近づくことに長けているという実感がある。リテストによる比較を行うことで，対象者自身も自分の変化を視覚的・直観的に捉えることができ，感想を共有できることも魅力であると感じている。

　種々ある描画検査の中でバウムテストが優れている点として，阿部（2019）は，侵襲性がさほど高くないことを指摘している。また，バウムテストは心理検査であると同時に，治療的アプローチとしての側面もある

---

[*1]　Kaufman Assessment Battery for Children Second Edition（ケーエービーシー・ツー）

[*2]　東大式エゴグラム（テグ）

[*3]　Family Diagnostic Test（エフディーティー／親子関係診断検査）

（阿部，2013）。こうした特徴があるゆえに，前項で記載したように，対象者の感じているであろう「困り感」やニーズをさりげなくあぶり出すとともに，それを周囲の人々の主訴とつなげる橋渡し役として，バウムテストは大きな威力を発揮するのである。

　検査の実施前に「心理検査によってどんなことがわかったらよさそうか」というアセスメント・クエスチョンを，対象者にも周囲の人々にも確認する。これは，ほかの臨床領域で心理検査を実施する場合と共通している。「わかることを全部教えて！」と希望する人も多いので，そのときはフィードバックのセッションで話し合う中で，大切だと思われる事柄を取捨選択していく。

## 3．心理検査結果のフィードバック

　心理検査は，対象者の世界に招待してもらうチケットのようなものだと筆者は捉えている。そして，心理検査のフィードバックは，対象者が表現してくれた世界について，受け手の理解したことを伝え，それに対する対象者の感想を交換し合う場である。もし何も表現しなかったとしても，それ自体が対象者らしさだと受け止めることができる。しかし，いざその場になると，「できれば何か言ってくれるといいのになあ」と焦ったり欲が先立ったりする。そのときは，対象者の心を見ようとしすぎる自分の癖がまた出てきたなあと考え，ありのままの自分の心の声を対象者に伝えることも，楽しいやりとりになる。

　フィードバックは一方的にこちらが理解したことを相手に伝えるのではなく，それを基にして，対象者が感じていることを教えてもらう双方向の作業である。そうしたやりとりの中で，「自分（対象者）はこんな感じの人で，こんなことに困っている」とか，「こんなふうになりたいと願っている」という思いを共有する。そして，「そんな特徴や思いを抱いている自分が，周りの人とお互ほどほどに心地よく生きていく方法」について話し合い，周囲の人々に何をどう伝えれば理解してもらいやすいかを見つけていく。

　これらを踏まえ，対象者と主訴を抱えた周囲の人々が互いの意見を伝えられるよう，検査者はその場をセッティングして橋渡しをする。また，対象者や保護者の同意を得た上で，対象者が所属する学校や施設等コミュニティの

人々に特徴を説明し，効果的な対応を提案することもある。その際，学校や施設等での対象者の姿を知っているのは先方なので，検査場面とは異なった対象者の情報を先方から得ながら，学校場面や生活場面に即した提案をすることに留意している。

## 4. 相談事例

　実際に法務少年支援センターでの相談活動や心理検査がどのように行われるか，事例を踏まえながらお伝えしたい。事例は，個人情報が特定されないよう，複数の事例の内容を組み合わせつつ，全体の流れを大きく損ねない範囲で詳細を改変している。

　性的逸脱行為を呈している対象者（高校生）のことを心配した家族が，児童相談所の勧めで法務少年支援センターへの来談に至った事例である。ロールシャッハ・テストやバウムテスト等の心理検査を行ったところ，本人は自分の好き勝手に振る舞っているように見えて，実は，心的傷つきや家族への不満を内に秘めている傾向が示唆された。対象者にそれをフィードバックしたところ，「わかってくれました？」といたずらっ子のような笑顔を浮かべていて，思わず筆者は「あなたがそう教えてくれたからね」と言い，クスリと笑ってしまった。そして，心理検査からわかったことを保護者にどう伝えてほしいか対象者の希望を尋ねると，「そのまんま言ってください」と頬を緩めて言った。対象者同席の下で保護者にもフィードバックを行うと，保護者は苦笑いしながら，「そんな気もします……」と対象者を見つめた。その視線の先にいた対象者は，「やっとわかった？」と得意そうな顔をしていて，今度は 3 人でクスリと笑った。

　このように，フィードバックを通じて共有した事柄を基にして，相談活動を進めた。具体的には，非行や犯罪行為によって本人がどのような気持ちを充足させ，または減じていたか，アセスメントとトリートメントを繰り返しながら不適切な行動を適切な行動に置き換えていく（嶋田，2017）。この事例の対象者は，性的問題行動によって性的欲求を満たすとともに，その行動が発覚しないことに対して，「ばれずにできた！」という達成感を抱いていたことがわかった。こうした感覚を得ることによって，家庭で鬱積させて

いた不満や，学校生活で長年抱いていた疎外感を払拭していたことも，時間をかけて相談を継続する中で浮き彫りとなった。そして，性的問題行動に代わる適応的な行動に置き換えるため，適切に性的欲求を満たす方法や，趣味やアルバイトで達成感を得る手立てを検討し，実践を重ねてより効果の高い対処方法を複数持つことができた。あわせて，家族に自らの希望を伝える言葉を考え，実行するよう筆者から水を向けた。他方，対象者の気持ちを想像するよう保護者に促し，「子どもに対するコントロールを少しずつ手放していくこと」にチャレンジしてもらった。また，保護者を通じて学校にもアプローチし，相談の中で理解されたことを学校にも共有してもらうことで，学校適応が改善された。それによって，対象者は性的問題行動を起こさない日を毎日積み重ねることができている。「今の自分はわりと気に入っている」とクールな表情で言った彼の姿が，まぶしく見えた。

## Ⅲ．今後の展望

　筆者は，非行・犯罪の加害を行った人々やその家族の心理支援に携わる中で，目の前の人々がどうか幸せに生きていってほしいと切に感じる。他方，加害者が引き起こした非行や犯罪によって，被害者とその家族らの平穏が脅かされたことは紛れもない事実である。しかし，他者の幸福を踏みにじった加害者が幸せになってはいけない，と考えて自分自身を責め続け，次第に社会や周囲から孤立した末に再度逸脱行為に至ってしまい，「また同じことを繰り返した自分は生きる価値がない」との思いを募らせた人々に出会うと，胸が締め付けられる。加害者は自責の念にがんじがらめになり，治療に対する抵抗として表れること，反面，そのとらわれを自覚することによって治療が進むことが指摘されている（Cohen, Mannarino, & Deblinger, 2006）。また，西川（2017）は，犯罪加害者はおおむね何らかの心的外傷を負っていて，過活動という陽性症状として現れるというメロイ（Meloy, 2002）の指摘を踏まえた上で，加害者の心理支援を行う人にとって，「今，ここ」での身体感覚に目を向けることの大切さを説いている。すなわち，非行・犯罪領域での心理支援は，加害者の不適切な行動の変容を促すだけでは

十分でなく，自責の念や心的傷つきといった感情を扱うことも求められる。

　藤岡（2001）は，被虐待体験と非行の関連に言及した上で，被害を受けると加害に転じやすくなるという円環モデルを提唱し，自分の中の被害者としての感情と，加害者としての感情が出会い，一人の自分として統合することを支援のポイントとして挙げている。加えて，心理支援を行う際，クライエントが体験している葛藤と同じことが，支援者自身にもあったと見つけ出すことができて初めて，クライエントの人生の問題に対する本当の援助ができる，とフィン（Finn, 2007）は述べている。とりわけ，クライエントの行動が特異的で社会的に不適切であるほど，支援者はクライエントと自分の共通点を見いだす努力をする必要があり，それによって，クライエントとの出会いがなければ決して気づくことがなかったであろう自身の側面を理解できるとも指摘している。非行・犯罪領域の心理支援では，これが一見難しく感じられるが，加害者側の人々と話すうちに筆者は，「支援者である私自身の『加害者性』と『被害者性』」について考えるようになった。人は他者から「被害」を受ける一方，それは別の視点から見ると，「加害」でもある。例えば，通勤中の電車では足を踏まれるという「被害」に遭うと同時に，そのはずみで体をのけぞらせると，周りの人の体を突き押すという「加害」になっていることも多い。このように，他者に害を与えたり，他者から害をこうむったりして生きる中で，「加害者性」と「被害者性」を統合しながら，自分という存在として生き続けていることに気づかされる。そして，加害者である対象者にも，自身の加害と被害のどちらか一方に傾きすぎず，両方ひっくるめて丸ごと自分の存在を認めてあげてほしいと願う。

　今後，加害者臨床にまつわる様々な知見が，支援者だけでなく，対象者や周りの人々にもじんわりと広がっていき，「周りを困らせている人」と「対象者に困らされている人々」という対立構造から抜け出すことが期待される。そして，法務少年支援センターを「周囲を困らせる人を連れて行って矯正してもらう場」ではなく，「現在生じている困難について，解決案を一緒に探る場」として地域の多くの人々に利用してもらいたい。その先に，加害者でもなく被害者でもなく，一人の人間としての幸せな人生が紡がれることを信じている。

**【引用文献】**

阿部惠一郎（2013）バウムテストの読み方——象徴から記号へ．金剛出版．

阿部惠一郎（2019）バウムテストQ＆A．金剛出版．

Cohen, J. A., Mannarino, A. P., & Deblinger, E. (2006) *Treating trauma and traumatic grief in children and adolescents*. Guilford.［白川美也子・菱川　愛・冨永良喜（監訳）（2014）子どものトラウマと悲嘆の治療——トラウマ・フォーカスト認知行動療法マニュアル．金剛出版.］

Finn, S. E. (2007) *In our clients' shoes: Theory and techniques of therapeutic assessment*. Lawrence Ealbaum Associates.［野田昌道・中村紀子（訳）（2014）治療的アセスメントの理論と実践——クライアントの靴を履いて．金剛出版.］

藤岡淳子（2001）非行少年の加害と被害——非行心理臨床の現場から．誠信書房．

法務省法務総合研究所（2019）令和元年版犯罪白書．https://hakusyo1.moj.go.jp/jp/66/nfm/mokuji.html（2022 年 8 月 26 日閲覧）

法務省法務総合研究所（2020）令和 2 年版犯罪白書．https://www.moj.go.jp/housouken/housouken03_00027.html（2022 年 8 月 26 日閲覧）

法務省法務総合研究所（2021）令和 3 年版犯罪白書．https://www.moj.go.jp/housouken/housouken03_00049.html（2022 年 8 月 26 日閲覧）

神田橋條治（1997）治療のこころ　巻 9　対話精神療法の初心者への手引き．花クリニック神田橋研究会．

Meloy, J. R. (2002) *The psychopathic mind: Origins, dynamics, and treatment*. Jason Aronson.

西川昌弘（2017）力動的集団心理療法の視点．門本　泉・嶋田洋徳（編）性犯罪者への治療的・教育的アプローチ．金剛出版，236-237．

嶋田洋徳（2017）性犯罪の治療理論②——認知行動療法．門本　泉・嶋田洋徳（編）性犯罪者への治療的・教育的アプローチ．金剛出版，86-87．

# 10章
**産業・労働場面**
# ストレスチェックの概要と職場組織での活用

種市康太郎

## Ⅰ. ストレスチェック制度と実施に関わる職種

　平成 26（2014）年 6 月に「労働安全衛生法の一部を改正する法律」（平成 26 年法律第 82 号）が公布され，平成 27 年 12 月以降，常時 50 人以上の労働者を使用する事業場において一年以内ごとに 1 回，ストレスチェックの定期的な実施が義務づけられた。ストレスチェック制度の目的は，労働者のストレスの程度を把握し，労働者自身のストレスへの気づきを促すとともに，職場改善につなげ，働きやすい職場づくりを進めることによる，労働者のメンタルヘルス不調の未然防止である。つまり，一次予防が主な目的である（厚生労働省，2016）。

　ストレスチェックの実施には，事業者，ストレスチェック制度担当者，実施者，実施事務従事者が関与する。事業者はストレスチェック制度の実施責任をもち，方針を決定する。ストレスチェック制度担当者は衛生管理者や，事業場内メンタルヘルス推進担当者などが担当し，実施計画の策定や管理を担う。実施者はストレスチェックを実施し，結果の評価を行う。実施事務従事者は実施者を補助し，調査票の回収やデータ入力などを行う。

　実施者と実施事務従事者は，ストレスチェック実施の実務を担うが，個人情報を扱うため，守秘義務がある。同様の理由から，人事権のある者はなることができない。実施者には，医師，保健師，および所定の研修を受けた歯科医師，看護師，精神保健福祉士または公認心理師がなることができる。実施事務従事者は産業保健スタッフや，人事権のない事務職員などが担当する。

　実際には，ストレスチェックの実施者は事業場の産業医が担当することが多く，衛生委員会の審議で実施の企画，計画を立て，人事や産業保健スタッ

フが実施事務従事者として実務を担うことが多い。また，外部 EAP（Employee Assistance Program: 従業員支援プログラム）に業務を委託することもある。

　ストレスチェックは，事業者には実施義務があるが，労働者の受検は任意である。また，後述のように，ストレスチェックで「高ストレス者」に選定された労働者で希望する者には医師が面接指導を行う。

　このようにストレスチェックは，労働安全衛生法により，事業者が定期的に実施を義務づけられているものであり，医師などの産業医や産業保健スタッフ，人事労務スタッフなど多くの職種が関わっている。心理職は，そのような制度の仕組みや，多職種の関わりを理解し，ストレスチェックに関わる必要がある。

## Ⅱ．ストレスチェックの活用の実際

### 1．ストレスチェックの内容

　ストレスチェックは，労働安全衛生法第 66 条の 10 において「心理的な負担の程度を把握するための検査」として定められている。ストレスチェックの内容は，労働安全衛生規則第 52 条の 9 において，「職場における当該労働者の心理的な負担の原因に関する項目」「当該労働者の心理的な負担による心身の自覚症状に関する項目」「職場における他の労働者による当該労働者への支援に関する項目」の 3 項目を含むものと定められている。これらは，一般的に言えば「仕事のストレス要因」「心身のストレス反応」「（職場における）周囲からのサポート」にあたる。

　ストレスチェック制度において，ストレスチェックとして使用が推奨されている調査票は「職業性ストレス調査票」である。57 項目版と 23 項目の短縮版があるが，一般的には 57 項目版が使用される。さらに，ワーク・エンゲイジメントなどのポジティブな心理的状態や，それに関連する職場の資源も含めて調査するために「新職業性ストレス簡易調査票」が開発されている。これには，80 項目版と 120 項目版がある。いずれの版にも，法で定められた前述の 3 項目が含まれている。

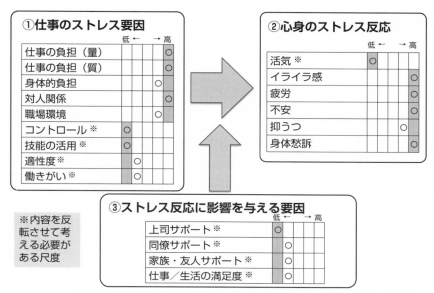

**図 10-1　職業性ストレス簡易調査票の概略と個人結果の例**

　ストレスチェックの概略と個人結果の例を**図 10-1**に示した。「仕事のスト
レス要因」には「仕事の量的負担」「対人関係」などの負担に感じる要因と,
「コントロール」「働きがい」など,なければ負担に感じる要因とがある。
「心身のストレス反応」には「不安」「抑うつ」などの心理面,「身体愁訴」
などの身体面の不調,そして,「活気」のように,少ないことが不調を示す
項目が含まれる。「ストレス反応に影響を与える要因」には周囲からのサ
ポートの他,仕事や生活の満足度が含まれる。

　ストレスチェックは,臨床心理検査とは異なる。しかし,自記式質問紙で
あるため,質問紙調査や心理尺度の知識があればより正確に内容を理解でき
る。また,職業性ストレスモデルなどの知識があればより深く理解できる。

## 2. 個人のセルフケアに向けたストレスチェックの活用
### (1)「高ストレス者」による医師面接

　ストレスチェックは,①「心身のストレス反応」の評価点数の合計が高い

場合，②「心身の不調」の得点が一定点数以上，かつ，「仕事のストレス要因」および「周囲からのサポート（逆転項目として計算する）」の評価点数の合計が高い場合に「高ストレス者」とされる。ストレスの程度，高ストレスか否か，医師の面接指導が必要か否かは，実施者から本人に通知される。

　「高ストレス者」に選定され，医師による面接指導が必要とされた労働者は，面接指導の申出を行うことができる。申出があった場合，事業者は，その労働者が面接指導対象者に該当することを知ることになる。医師による面接指導では，ストレスチェックの 3 項目に加え，労働者の勤務の状況，心理的な負担の状況，その他の心身の状況などを確認し，本人に指導・助言を行う。その後，事業者は，面接指導を行った医師から就業上の措置（就業制限や要休業など）に関する意見を聴取し，必要に応じて就業上の措置を実施する。

## （2）医師面接以外の相談対応

　面接指導の対象である等の情報が事業者に通知されることなどから，高ストレス者で面接指導が必要と評価されても申出を行わない労働者もいる。そのため，面接指導の申出の手続き以外でも相談できる窓口を設け，高ストレス者が放置されないようにすることが求められている。この場合の相談窓口には，産業看護職（保健師，看護師），精神保健福祉士などの他に，心理職が対応に当たることができる。ストレスチェックの実施者には，心理職の中でも公認心理師しかなれないが，相談対応は他の心理職も担当できる。

　相談対応にあたる場合，労働者本人が最初から悩みや問題を話し始めるのでなければ，心理職はストレスチェックの読み方を説明することになる。高ストレス者の評価の仕方や，各測定項目の説明を行い，労働者の結果からどのような内容が読み取れるかについて説明する。このような説明の中で，労働者が心理職に対して安心感を抱き，徐々に相談内容を話し始めることもある。

　ストレスチェックは，「心身のストレス反応」だけでなく，「仕事のストレス要因」「周囲からのサポート」などの職場環境要因も測定している。したがって，業務上の負担や，周囲の上司や同僚との対人関係などについて具体的に聴き取ることができる。

　一般的には「職場での負担になる状況や出来事があるために，心身のストレス反応が生じた」というストーリーが語られる場合が多い。しかし，家庭内の不和や職場外のライフイベントなど，ストレスチェックに反映しない要因や，身体的疾患により高ストレスになっていることもある。また，職場の状況に関係なく精神症状が生じている場合もある。したがって，ストレスチェックから想像しやすい因果関係にとらわれずにアセスメントを行うことが必要である。

　労働者が語る相談内容に合わせ，セルフケアの支援を行うこともできる（島津・種市，2016）。例えば，認知再構成法，怒りのコントロール，行動活性化，アサーティブトレーニング，キャリア支援などの手法である。いずれも労働者自身のセルフケアを目的とする比較的短期間の心理支援となる。「心身のストレス反応」の聴き取りにより，精神症状が強く認められる場合は，産業医や外部医療機関へのリファーが必要となる。この場合，本人の懸念などを聴き取った上で，医師面接の申出を勧めることも考えられる。医師面接を希望しない場合は，産業医への通常の相談としてつなぐこともできるだろう。また，ハラスメントの問題やキャリアの問題など，職場内に設置されている別の相談窓口を紹介する場合もある。

## 3. 職場環境改善に向けたストレスチェックの活用

　ストレスチェックは一次予防を主な目的とすることから，ストレスチェックの結果を職場や部署単位で集計・分析し，その結果を示すことによって，職場環境改善に活用することができる。法律上は努力義務となっている。集団分析結果では，その職場の高ストレス者の比率や，仕事の負担，周囲からのサポートの多寡について示すことが可能である。

　集団分析結果の代表例として「仕事のストレス判定図」がある。**図 10-2**にその結果の一部を示した。横軸が「仕事の量的負担」，縦軸が「仕事のコントロール」であり，全国平均（◇）と自部署の結果（●）を比べることでその職場の特徴がわかる。この図では，仕事の要求度（量的負担）が高く，コントロールが低い場合，すなわち，右下であるほど高リスクとなりやすい。判定図では，高ストレス者の比率などを指標として，職場の健康リスク

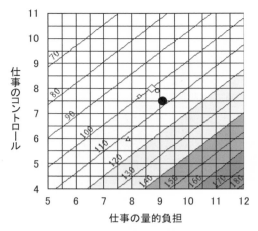

図 10-2　仕事のストレス判定図（一部）

（100 が平均で高いほど高リスク）を評価できる。その他，各項目の集団の平均値から，その職場の特徴を読み取ることができる。

### （1）コンサルテーション場面での活用

　コンサルテーションは，所属長や管理職を対象とし，ストレスチェックに基づく職場環境改善を目的として行われることが多い。この際，①集団分析結果の数値の意味を理解し，自部署の結果を読み取ってもらう。②自部署の仕事上のストレスの特徴を読み取る。③これまで取り組んだストレス対策について振り返ってもらい，評価する。④今後取り組みたい対策について，選んでもらう。⑤改善対策の計画を具体的に立てる，という手順で進めるとよい（種市，2018）。

　活用のポイントは，まず，①②に示すように，読み方に重点を置くことである。得点の理解を十分に行うことにより，その後のコンサルテーションに進みやすい。また，所属長や管理職者の読み取り方を聞くことで，管理監督者自身の部署や部下の見方が理解できる。

　次に，所属長や管理職との関係を作ることである。よくあるのは，所属長や管理職が結果を自分の「通信簿」のように感じ，自分が責められているように感じる場合である。そうなると，態度も消極的または拒否的となる。例えば，できていないことよりも，できていることに注目し，所属長や管理職

自身の取り組みを言葉にしてもらうとよいだろう。③の振り返りにおいても，良い取り組みの具体例の一覧を用意し，その内容から自身が行っていることをチェックしてもらうようにすると，取り組みやすい。最後に，取り組んできた良い行動も含めて，今後，力を入れて取り組むことを選んでもらう。できない目標を掲げるよりも，今，やっている良い取り組みを継続するよう求めたほうが実現可能性が高いためである。

　ストレスチェックは定期的に行われるため，経年変化を示すこともできる。1，2年では大きな変化が生じないため，悪い部署は悪いままで，改善の手応えが得られないことも多い。結果にとらわれず，取り組みの過程を評価し，それを継続するようコンサルテーションを進めるとよいだろう。

## （2）研修での活用

　研修でも集団分析結果を活用できる。対象は所属長や管理職であり，ラインケアを目的とする研修で用いる。

　集団分析結果を返却する際は，所属長や管理職が担当する部署のみの結果を返却する。一覧表にして全結果を配布すると，比較や評価が始まってしまうからである。次に，読み方の説明に重点を置く。研修においては理解の差が生じやすいため，結果の要点をワークシートに記入するなどのステップを入れると，理解度が確認できる。

　研修中にグループワークの時間を取ることができる。その際に，「今までやってきた良い取り組み」を互いに話すよう設定するとよい。というのも，やってきた取り組みを話すのは，いわば自慢話なので，お互いに話しやすいだけでなく，他部署の取り組みを聞く貴重な機会になるためである。最後に，今まで行ってきた良い行動も含めて，今後，力を入れて取り組むことを選んでもらう点は，コンサルテーションと同じである。

　集団分析結果の説明とグループワークの他に，一般的なラインケア研修の内容を追加することも有効である。ストレスチェックを契機に，部署や部下のメンタルヘルスケアに関心をもつ所属長や管理職者も多い。

　以上のコンサルテーションや研修は，産業保健スタッフ全体で計画を立て，それぞれで分担を決めて進めることが望ましい。特にどの専門職が担わなければならないということはなく，多職種で協働しながら進めるのが望ましい。

## Ⅲ．今後の活用に向けて

　ストレスチェックが導入されて 7 年が過ぎた。厚生労働省の労働安全衛生調査（令和 2 年）によると，ストレスチェックの実施率は 62.7%（50人未満の事業所を含む）だが，そのうち，結果の集団ごとの分析を実施した事業所の割合は 78.6%，その分析結果を活用した事業所の割合は 79.6% である（厚生労働省，2020）。したがって，ストレスチェックの個人および集団への活用は進んでいるといえる。

　心理職に求められることとしては，個人に対しては，ストレスチェックの結果に基づくアセスメント力をつけると同時に，結果に対応したセルフケアの方法を提案できるようにする必要があるだろう。職場というコミュニティに対しては，ストレスチェックの集団分析結果をわかりやすく示し，具体的なメンタルヘルス対策の提案ができるようにする必要があるだろう。さらに，長時間労働やハラスメント対策など，近年，職場での課題となっている事柄についても，ストレスチェックの結果から対策の提案ができるようになることが求められるだろう。

**【引用文献】**

厚生労働省（2016）ストレスチェック制度導入ガイド．https://www.mhlw.go.jp/bunya/roudoukijun/anzeneisei12/pdf/160331-1.pdf（2022 年 5 月 23 日閲覧）

厚生労働省（2020）令和 2 年労働安全衛生調査（実態調査）．https://www.mhlw.go.jp/toukei/list/r02-46-50b.html（2022 年 5 月 23 日閲覧）

島津明人・種市康太郎（編）（2016）産業保健スタッフのためのセルフケア支援マニュアル——ストレスチェックと連動した相談の進め方．誠信書房．

種市康太郎（2018）ストレスチェックの研修・コンサルテーションへの活用．産業ストレス研究，**25**(4), 235-238.

# 11章

福祉場面 **児童発達支援施設と**
**保育園巡回での活用**

森 裕幸

## Ⅰ. 児童発達支援施設と保育園巡回について

　わが国における児童発達支援は，2012年の児童福祉法改正において，主に未就学の障害のある子どもを対象に発達支援を提供するものとして位置づけられた（厚生労働省，2017）。児童発達支援施設では，児童指導員，保育士をはじめ，社会福祉士，言語聴覚士，作業療法士，心理士，看護師など多職種が配置されていることが多い。児童発達支援事業所数は，2012年は2,106カ所であったのに対し，2019年には6,846カ所まで増加しており（厚生労働省，2021a），社会的ニーズが高まっていることがわかる。その基本理念には，地域社会への参加およびインクルージョンの推進と，子ども一人ひとりの障害の状態あるいは特性等に応じた合理的配慮が挙げられている。そのために，児童発達支援施設では，子ども一人ひとりの障害や発達段階，生活の実態についてアセスメントを適切に行い，子どもと保護者のニーズや課題を客観的に把握した上で，計画を立てて支援を行う必要がある。しかしながら，伊藤・松本の報告（2013）によると，対象の63施設のうち7施設（11.1％）がアセスメントツールを使用しておらず，7施設（11.1％）は妥当性のない独自で作成したアセスメントツール使用しており，アセスメントによって妥当な支援計画が立てられていない施設が2割程度あることが示された。

　保育園も児童福祉法に基づき設置されている児童福祉施設のひとつである。保育園は主たる養育者の就労や病気等による理由のため，保育を必要とする乳幼児を預かり，保育することを目的としている。保育園では，保育士，嘱託医および調理員（例外的に置かないことができる）を配置することが義務

づけられている。現在，地域保育園には，障害のある子どもが多く在籍するようになってきている（笹森ら，2010; 厚生労働省，2021b）。また，2017 年に厚生労働省より告示された保育所保育指針には，障害のある子どもについて「一人一人の子どもの発達過程や障害の状態を把握し，適切な環境の下で，障害のある子どもが他の子どもとの生活を通して共に成長できるよう，指導計画の中に位置付け」「家庭や関係機関と連携した支援のための計画を個別に作成するなど適切な対応を図る」という記載がある。このように，児童発達支援施設はもとより，保育園においても，個々の子どもの発達特性を客観的に把握し，アセスメントに基づいた支援計画を作成し，それに沿った支援を実施していくことが求められている。全国保育協議会が 2016 年に行った実態調査（全国保育協議会，2017）では障害児保育を実施している保育所は 76.6% あり，障害児保育対象以外の特別な支援が必要な子どもについても 79.4% の施設が「いる」と回答している。立花（2021）の調査によると，障害児保育を実践する上での保育者自身の課題の第 1 位は「障害に対する知識不足：68 人（46.3%）」，第 2 位は「療育や支援に対する技術不足：48 人（32.7%）」であり，現場の保育士が発達障害特性をもつ子どもの対応に苦慮していることがわかる。そのような中で，インクルーシブな支援体制を整えていくことを目的として，2011 年には保育園などへの「巡回支援専門員整備事業」（以下，巡回相談）が始まった。巡回相談は，発達障害等に関する知識を有する心理士などの専門員が，保育所等を巡回し，保育士に対し，障害の早期発見・早期対応のための助言等の支援を行うコンサルテーションの形で進められ，その有効性が示されている（浜谷，2009）。

## Ⅱ．児童発達支援施設・保育園巡回における臨床心理検査の実際

### 1．児童発達支援施設における臨床心理検査

　明翫（2013）は，アセスメントを活用するためのステップを 4 つに分けている。概要としては，ステップ 1 で生育歴を含めた現在症の確認，ステップ 2 で発達障害特性に関連したアセスメント，ステップ 3 で知能検査や適応・不適応行動に関したアセスメントの実施，ステップ 4 でステップ 3 ま

でのアセスメントに基づく個別支援計画の策定といった流れである。児童発達支援施設の利用段階と照らし合わせてみると，ステップ 1 は利用申し込みの面談や手続きの中で行われることが多く，ステップ 2 および 3 は利用決定後の早期に行われ，ステップ 4 の支援計画へとつながる。

　まずは，上記ステップ 2 および 3 における保護者および子どもに実施する検査について，架空事例を通して説明する。

### （1）3 歳未満の事例

　A ちゃん（1 歳 10 カ月，男児）は発語がなく，遊びに没頭していると呼びかけても反応しないことがあった。心配になった母親がインターネットで調べて児童発達支援施設に来所し，週 2 回の個別指導を受けるという形式で利用することになった。事前の聴取より，ASD（Autism Spectrum Disorder: 自閉スペクトラム症）特性を有している可能性が考えられたため，A さんが担当心理士と遊んでいる様子を観察しながら，保護者に対して M-CHAT[*1] を実施した。また，適応行動を測定する検査として，Vineland-Ⅱ適応行動尺度[*2]（以下，Vineland-Ⅱ）を別日に保護者に対して行った。「児童発達支援ガイドライン」（厚生労働省，2017）には個別支援計画の作成にあたり，「子どもの適応行動の状況を，標準化されたアセスメントツールを使用する等により確認する必要がある」と記載があり，Vineland-Ⅱの実施は必須といえよう。さらに，A ちゃんの発達水準を把握するために，別日に新版 K 式発達検査®2020（以下，K 式）を実施した。K 式は課題に使われる道具が子どもが慣れている積木だったり，入れ子のおもちゃだったりと親しみやすいことや，実施順序が決まっておらず子どもの取り組みやすいものから実施できるなど，子どもの発達水準および特性に応じて柔軟に対処できることが長所であるため，A ちゃんのように生活年齢の低い子どもを対象とした対面検査としてよく選択される。児童発達支援施設で K 式を行う場合は，対象児の年齢が低いため，保護者が同席をすること

---

[*1]　Modified Checklist for Autism in Toddlers（エムチャット／乳幼児期自閉症チェックリスト修正版）

[*2]　Vineland Adaptive Behavior Scales, Second Edition（ヴァインランド・ツー／ヴァインランド適応行動尺度第 2 版）

が多い。検査中の子どもの様子（検査者に対してと保護者に対しての対象児の反応の違い，共同注意の有無など）について保護者と共有でき，同席には様々なメリットがある。一方，注意点がいくつかある。課題の教示には一定の手続きがあり，子どもに対しての言い換え，ヒントとなるような言葉かけはしないこと，検査内容の露出を避けるために守秘することなど，保護者にお願いしておくべきである。また，発達もしくは知能検査を実施する場合には，知的発達の側面だけでなく，注意力，言語および非言語コミュニケーション能力なども注意深く観察する必要がある。例えば，課題がわからない場合に離席をする子どももいれば，ニコニコ笑って検査者からの働きかけを待つような受け身的な子どももいる。このような子どもたちは，日常生活場面でも自発的に他者に援助要請をすることが少ない，あるいは限定的であることが予想される。報告書作成の際には，自発的な援助要請が課題であることと，それを支援するための方策を行動観察から得られた情報として書き加えておくとよい。このように，報告書では検査で得られる数値的な結果以外に，検査内で観察された行動の情報も加えて記述し，両方に基づいて支援方法を提示することが肝要である。

### (2) 3歳以上の事例

　集団行動をとること，言葉によるコミュニケーションが難しいこと，落ち着きのなさがあることを保育園の先生から指摘されたことをきっかけに，Bちゃん（3歳8カ月，男児）は児童発達支援施設を利用することとなった。アセスメントに基づいた個別支援計画を策定するため，知能検査として田中ビネー知能検査Ⅴ（以下，ビネー式），発達障害特性の把握のために，PARS®-TR[*3]，適応行動の評価のためにVineland-Ⅱ，感覚的な特徴を評価するために感覚プロファイル[*4]3-10歳用を実施することとなった。

　まず，知能検査はWPPSI知能検査（以下，WPPSI）あるいはWISC知能検査（以下，WISC）が実施されることが多いが，ビネー式はWPPSIやWISCの対象年齢に満たない，あるいは行動上の特徴や知的発達の側面

[*3] Parent-interview ASD Rating Scale-Text Revision（パース・ティーアール／親面接式自閉スペクトラム症評定尺度テキスト改訂版）
[*4] Sensory Profile（SP: エスピー）

から WPPSI や WISC の実施が難しいと判断される場合に実施できる。B ちゃんの場合は 3 歳 8 カ月なので，WPPSI の適用年齢ではあるが，事前の情報と行動観察の結果より，WPPSI の実施が困難であろうと判断され，ビネー式を実施した。以前に K 式を受けた経験があれば，過去の結果と比較するために K 式を実施することも考えられた。しかし，B ちゃんの場合は発達検査や知能検査を受けること自体が初めてだったことに加え，就学支援の際の資料はビネー式を用いることが多いため，ビネー式を選択した。

　次に，発達障害特性の把握には，3 歳以上は PARS-TR の使用が推奨される。その理由として，PARS-TR は半構造化面接で実施され，ASD 特性のみならず行動が観察される環境との相互作用についても聴取することが可能であるため，質問紙以上に支援に有用な情報を得ることができるからである。例えば，同じ質問を繰り返し行う行動に対して「どの場面で現れやすいか」あるいは「どうやっておしまいになるのか」を聞くことができる。そして，「あと 3 回質問したらおしまいだよ」と伝えられることでやめることができるという情報が得られれば，支援に活かすことができる。

### (3) 5 歳以上の事例

　C ちゃん（5 歳 6 カ月，女児）は，就学を控えた年長児で，幼稚園と並行通園して児童発達支援施設を利用している。前年度には WPPSI，PARS-TR，感覚プロファイル，Vineland-Ⅱを実施している。今年度は，WISC，Vineland-Ⅱに加え，注意欠如・多動症（Attention Deficit/Hyperactivity Disorder: ADHD）の特性の評価のために ADHD-RS[5] を実施した。

　年長児の場合は，就学を見据えて，知的水準，適応行動の水準，発達障害特性，感覚の特徴など包括的に情報を取得しておくことが望まれる。知能検査は，可能なかぎり WISC を選択し，どうしても難しいようであればビネー式を実施するとよいだろう。WISC の長所は，IQ だけでなく，WISC-V であれば，言語理解，視空間指標，流動性推理指標，ワーキング

---

[5]　ADHD-Rating Scale-Ⅳ（エーディーエイチディー・アールエス・フォー／ ADHD 評価スケール）

メモリー，処理速度の指標得点から認知能力を詳細に検討でき，ビネー式よりも検査道具を操作する課題が少なく，より学校の授業に近い課題設定であるため，WISC の教示の理解度や検査中の注意力や行動上の特徴などの観察から得られる情報が就学後の環境を考慮する際に有用であることである。

　以上のように年齢や目的を考慮した上で検査を選定し，それらの検査から得られた結果と行動観察を報告書にまとめ，保護者にフィードバックをしていく。対象児の現在の発達障害の特性の程度，発達もしくは知的水準を簡潔にまとめ，それらに応じた支援方法を記載する。そして，個別支援計画の立案に当たっては，Vineland-Ⅱを中心に日常生活における具体的な目標を定め，発達障害特性に合わせた支援内容および留意点をまとめていく。目標設定に際し，「発達の最近接領域」（Vigotsky, 1978）にならい，一人ではできないけれど他者の手助けがあればできることを中心に設定していくとよい。Vineland-Ⅱにおける「1 点：時々あるいは部分的にする」の評価がついている項目が役立つだろう。

　保護者には，専門用語ではなく理解しやすい言葉で伝えることが肝要である。また，検査結果の報告書や個別支援計画を並行通園している幼稚園や保育園，あるいは医療機関に必要に応じて渡してよいことを伝えることも重要である。発達障害支援においては，特性に応じて社会的障壁を取り除くことが重要とされているため（発達障害者支援法，2016 年一部改正による），対象児に関わる支援者と共有しておくことが望ましい。さらに，相談支援事業所を通じてケース会議を行うことや保育所等訪問支援事業を利用し，障害のある子どもの地域社会への参加・インクルージョンを推進していくことが期待されている。

## 2．保育園巡回（巡回相談）における臨床心理検査

　巡回相談においては，前述した児童発達支援施設で行われている臨床心理検査の知識および視点をもっておくことが重要である。巡回相談の場合，保護者からの要請であれば，前述のような検査を実施することも可能かもしれないが，保育園からの要請により，対象児への関わり方や支援方法を保育士などにコンサルテーションすることも多い。つまり，対象児の保護者からの

要請ではない場合，対象児に対する臨床心理検査を実施することの同意取得が難しいため，実施できる検査は限られている。以下，巡回相談における臨床心理検査について架空事例を通して説明する。

## (1) 事例

　D ちゃん（4 歳 2 カ月，女児）は，保育園で保育士の言語的な指示に従うことが難しく，集団行動がとれない，落ち着きがないといった特徴があり，巡回相談の依頼があった。保育士には本児について，保育士・幼稚園教諭が評価する検査 TASP[*6] を実施してもらった。巡回相談では，事前に実施してもらうことで対象児の発達障害特性の把握に役立つ。また，保育士からの聴取，実際の行動観察から得られた情報と組み合わせることで，どの特性に対し，どの程度の支援が必要なのかより詳細に検討することができる。さらに，半年あるいは 1 年後に再度実施することで，対象児の成長あるいは支援の効果などを確認できる点も非常に有用である。巡回相談では，幼児期の発達についての知識や前述したような検査の知識，行動観察や保育士からの聴取を組み合わせていくことで客観的かつ実践的な支援や指導につながっていく。また，本人の行動観察には CARS2[*7] を実施した。TASP からは，多動不注意関連特性の「落ち着き」が境界水準，「注意力」が要配慮水準，対人社会性関連特性の「社会性」と「順応性」で要配慮水準，「コミュニケーション」で境界水準という結果が得られた。CARS2 からは，合計得点が 32 点で，自閉スペクトラム症で軽度〜中度の重症度に該当するという結果が得られた。これらの結果をもとに，D ちゃんが理解しやすい言葉や視覚的な手がかりを用いて指示をしたほうがよいこと，注意を向けやすいよう座席配置を考慮したり，注意散漫にならないよう掲示物などを整理することを助言した。なお，CARS2 は，ASD の特徴に関連した 15 項目で構成されているが，項目の得点が高い場合には，その項目の領域について支援を提供する必要を示していると解釈するとよい。例えば，活動の移行時に前の活

---

[*6]　Transition Assessment Sheet for Preschoolers（タスプ／保育・指導要録のための発達評価シート）

[*7]　Childhood Autism Rating Scale Second Edition（カーズ・ツー／小児自閉症評定尺度第 2 版）

動を適切に終えられなかった子どもの場合には，その程度に応じて「変化への適応」を評定する。そして，保育園の先生には行動観察と評定に基づき「活動の切り替えが難しかったので，活動の終了がわかりやすいように明確にする」や「どのような方法で活動の終了を示すとよいか」といったことを助言するのである。注意点としては，発達障害特性のある子どもの場合，馴染みのない巡回相談員がいることによって，通常どおりの行動パターンを示さないことがある点が挙げられる。この点については，保育士からの情報収集が肝要である。

## Ⅲ．児童発達支援における臨床心理検査の今後の展望

　発達障害者の支援は，社会的障壁（発達障害がある者にとって日常生活または社会生活を営む上で障壁となるような社会における事物，制度，慣行，観念，その他一切のもの）を除去することを目指すため（発達障害者支援法，2016 年一部改正による），コミュニティや社会レベルでのサポートが求められる（WHO, 2021）。心理検査は，診断や特性の把握だけでなく，支援ニーズを把握し，効果的な支援を実現するためのものである。児童発達支援施設では，前述したように保育士をはじめとした多職種が連携しながら，子どもたちを支援している。例えば，保育士が中心となって子どもが主体的に参加できるような活動を設定する。活動における道具や身体の動かし方は作業療法士の評価に基づいて考えられる。看護師は，子どもの体調面や生活リズムについて評価を行い，活動への参加方法について検討していく。心理士は子どもの認知特性や発達段階，知的発達水準に基づいて指示の伝え方などを考える。このようにひとつの活動に多くの専門家が関わっているため，ときに子どもの特性や発達段階のとらえ方に職種間でズレが生じることがある。そのようなときに心理検査は客観的な指標として，子どもの特性や発達段階について共通理解を可能にする。また，保育園では主に保育士が子どもと関わり，アセスメントをしていくが，客観的な指標を用いることは少ない。その点においても巡回相談などで実施される心理検査は，客観的な指標となり，子どもの特性や発達段階の共通理解を可能にするため，非常に有用である。

文部科学省と厚生労働省の協働により発足した「家庭と教育と福祉の連携『トライアングル』プロジェクト」のように，発達障害特性のある子どもの各関係者およびその機関が検査結果および支援方法について情報共有・連携をし，統一された適切な支援が行われることが期待される。

【引用文献】

厚生労働省（2017）児童発達支援ガイドライン．https://www.mhlw.go.jp/file/06-Seisakujouhou-12200000-Shakaiengokyokushougaihokenfukushibu/0000171670.pdf（2022 年 3 月 22 日閲覧）

厚生労働省（2021a）保育を取り巻く状況について．https://www.mhlw.go.jp/content/11907000/000784219.pdf（2022 年 3 月 22 日閲覧）

厚生労働省（2021b）障害児通所支援の現状等について．https://www.mhlw.go.jp/content/12401000/000801033.pdf（2022 年 3 月 22 日閲覧）

浜谷直人（2009）発達障害児・気になる子の巡回相談──すべての子どもが「参加」する保育へ．ミネルヴァ書房．

伊藤大幸・松本かおり（2013）医療・福祉機関におけるアセスメントツールの利用実態に関する調査．辻井正次（編）発達障害児者支援とアセスメントに関するガイドライン．特定非営利活動法人アスペ・エルデの会，16-22. http://www.as-japan.jp/j/file/rinji/assessment_guideline2013.pdf（2022 年 3 月 22 日閲覧）

明翫光宜（2013）心理アセスメントを活用することの有効性．辻井正次（編）発達障害児者支援とアセスメントに関するガイドライン．特定非営利活動法人アスペ・エルデの会，33-35. http://www.as-japan.jp/j/file/rinji/assessment_guideline2013.pdf（2022 年 3 月 22 日閲覧）

笹森洋樹・後上鐵夫・久保山茂樹・小林倫代・廣瀬由美子・澤田真弓・藤井茂樹（2010）発達障害のある子どもへの早期発見・早期支援の現状と課題．国立特別支援教育総合研究所研究紀要，**37**, 3-15.

立花直樹（2021）保育現場における障害児保育の現状と課題．聖和短期大学紀要，**7**, 35-46.

Vygotsky, L. S. (1978) *Mind in Society*. Harvard University Press.

World Health Organization (2022) Autism. https://www.who.int/news-room/fact-sheets/detail/autism-spectrum-disorders（2022 年 11 月 17 日閲覧）

全国保育協議会（2017）全国保育協議会会員の実態調査報告書 2016.

# 12 章

# 教育場面 小・中学校の 巡回相談での活用

三宅篤子

## I. 学齢期の子どもの判定における心理士の役割

### 1. 就学判定における心理士の役割

　学童期における児童生徒への支援は通常学級，特別支援学級，特別支援学校で行われている（文部科学省，2019）。障害のある児童生徒については，障害の状態に応じて，その可能性を最大限に伸ばし，自立と社会参加に必要な力を培うため，一人ひとりの教育的ニーズを把握し，適切な指導および必要な支援を行う必要がある（文部科学省，2019）。実際，障害の状態等に応じ，特別支援学校や小・中学校の特別支援学級，通級による指導等において，個々の子どものニーズに合わせた教育支援が行われている。

　障害のある児童生徒の就学先決定の手続の流れは，「障害のある児童生徒の就学先決定について」（文部科学省，2019）に示されており，障害の状態，教育上必要な支援の内容，地域における教育の体制の整備の状況，本人・保護者の意見，専門家の意見，その他の事情などを総合判断して就学先が決定される。

　心理士はこの流れに基づいて知的障害の程度の判定に役立つ標準化された知能検査や発達検査（WISC-IV，新版 K 式発達検査®，田中ビネー知能検査 V など）を実施し，総合的判断の根拠のひとつとなる資料を作成し，教育委員会のメンバーや医師，そして，ときには子どもの保護者と情報を共有していく。

### 2. 障害の判定における心理士の役割

　知的障害のある障害児に対して適切な支援を行うため，主に児童相談所に

おいて判定を行っている。厚生労働省は療育手帳制度についての通知を発出しているが，これは「療育手帳制度に関する技術的助言（ガイドライン）」であり，各都道府県知事等は，通知に基づき療育手帳制度について，それぞれの判断に関する実施要綱を定めている（厚生労働省，1973）。同通知では，障害の程度および判定基準を「重度（A）とそれ以外（B）」に区分し，「重度（A）」の基準を「①知能指数が概ね 35 以下であって，次のいずれかに該当する者，食事，着脱衣，排便及び洗面等日常生活の介助を必要とする者，異食，興奮などの問題行動を有する者」「② 知能指数が概ね 50 以下であって，盲，ろうあ，肢体不自由等を有する者」，「それ以外（B）」の基準として「重度（A）の者以外」としている。なお，交付自治体によっては，独自に重度（A）とそれ以外（B）を細分化している場合もある。

　この判定事業において，心理士は心理判定員として標準化された知能検査（WISC-IV，田中ビネー知能検査 V など）を行っている。療育手帳の判定において，こうした知能検査の結果は大きな影響力を持つ。心理士は，こうした検査の結果を児童相談所などの職員と共有し，子どもたちが適切な社会的サービスを受けられるよう，多職種連携の中で要となる役割を主体的に果たすことが求められているといえる。

## Ⅱ．教育の場における心理サービスの実際

　教育や支援の場におけるコミュニティ・ベースの心理サービスには様々なものがあるが，ここでは東京都の公立小・中学校の特別支援教室とそこにおける巡回相談心理士の役割について述べる。

### 1．東京都における巡回相談と巡回相談心理士の役割

　東京都は，通常級に在籍する自閉症，情緒障害，学習障害，注意欠陥多動性障害（以下，発達障害等）への支援の充実のために，従来からある情緒障害等通級指導教室（以下，通級指導教室）の制度を改定し，特別支援教室制度を策定し，発達障害教育を担当する教員が各学校を巡回して指導することにより，これまで通級指導教室で行ってきた特別な指導を在籍校で受けられ

ることになった。小学校については平成 30（2018）年度から，中学校は令和 3（2021）年度から全校導入が行われた（東京都教育委員会，2021a）。

　これによると特別支援教室の対象となる児童生徒は，通常の学級に在籍し，知的障害がなく発達障害の可能性があり，通常の学級での学習におおむね参加でき，一部特別な指導を必要とする児童生徒である。特別支援教室の支援の関係職員として，巡回指導教員，特別支援教室専門員，巡回相談心理士が新たに作られ，大きな役割を担っている。その中でも心理士がその任につく巡回相談心理士の役割として，以下の 8 個の業務が規定されている。

①発達障害の可能性のある児童生徒の状況を把握し，特別な指導・支援の必要性の有無について，在籍校の教員等に助言する。

②児童生徒の指導・支援に関する校内委員会における検討資料の作成に関して，当該校の教員等に対して助言をする。

③児童生徒の指導・支援について保護者と在籍学級担任等との面接に立ち会い，専門的な見地から助言する。

④在籍学級担任が児童生徒本人および保護者に対して支援の開始等について説明する際に，必要に応じて巡回相談心理士は専門的な見地から意見を述べる。

⑤特別支援教室での指導を必要とする児童生徒の個別指導計画の作成に当たって，巡回指導教員や在籍学校担任等に対して助言する。

⑥特別支援教室や在籍学級での児童生徒を観察し，指導内容に関して巡回指導教員や在籍学級担任に対して助言する。

⑦児童生徒のかかえる困難の改善状況を把握し，校内委員会への報告および当該児童生徒の特別支援教室での指導の終了に関して助言する。

⑧特別支援教室での指導の対象となる児童生徒の有無にかかわらず，各学級の授業を観察し，特別な支援が必要な児童生徒の指導に関して，在籍学級担任等に関して助言や支援を行う。

　これらの巡回相談心理士に対しては，現在，東京特別支援教育心理研究センターなどが研修や心理士配置などを行っている。

## 2．巡回相談の実際

### （1）通常級で起こっている諸問題

通常級で起こる発達障害児に関連する問題には主に以下のようなものがある。a）教室からの飛び出し，徘徊，授業妨害，こだわりに起因するパニック，音を立てる，大声を出す，b）着席はしているが授業を聞いていない，板書写しをしない，勝手なことをしている，手遊び，私語，c）学力の遅れ，意欲のなさ（全体または特定の教科）。

一番問題になるのはa）の授業場面を乱し，教員や他児に対する反社会的行動を起こす場合である。この場合は，問題になる反社会的行動への対応だけでなく，その要因（環境要因，発達特性と関連した諸要因）の分析に基づく人的・物理的環境調整を行う必要がある。

### （2）巡回相談心理士の行う通常級の発達障害児支援

巡回相談心理士の行う通常級の発達障害児支援は特別支援教室入室前と入室後の支援がある。入室前，入室後，それぞれの流れを**図 12-1** と**図 12-2** に示す。

**【巡回相談心理士の通常級の発達障害児支援の流れ（特別支援教室入室前）】**
（図 12-1）

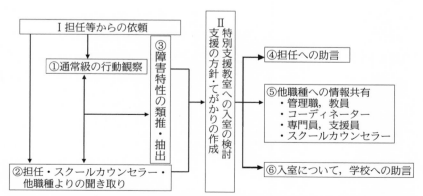

図 12-1　巡回相談心理士の通常級の発達障害児支援の流れ（特別支援教室入室前）

　通常級で発生する上記の問題に対し，巡回相談心理士への相談依頼が担任等から出される（Ⅰ）と，巡回相談心理士は対象児の通常級における行動観察（①）と担任・スクールカウンセラーおよび他職種からの聞き取り（②）を行う。これらの結果から対象児の障害特性と思われる行動を抽出し意味づける（③）。児童生徒への支援の手がかり・方針を作成するとともに特別支援教室入室の可否についての見解を明らかにする（Ⅱ）。学校側に対して特別支援教室入室や担任に対して通常級における支援方法を助言する（④）とともに，関係他職種とも情報共有を行い（⑤），必要なら学校へ入室の助言を行う（⑥）。

　通常級の担任に対象児への対応を助言する際には，対象児の日常行動特徴を障害特性と関連づけて検討することが重要である。その障害特性から，定型発達の児童生徒では問題ないことも，発達障害児にはストレスになり，パニックなどを起こしてしまうことなどを説明する。例えば，担任の不明確な指示（机が整列していない教室で「男女分かれて座りなさい」と指示したあと，後から来た児を適当な席に座らせる）があると，こだわりのある発達障害児は納得せず騒ぎだし，最後には大パニックになる場合もある。このような場合，子どもが単にわがままで機嫌が悪かったのでなく，何らかの発達障害の特性と環境の不適合から引き起こされた行動ではないか検証する。

　文部科学省の定義，DSM-5 精神疾患の診断・統計マニュアル（American Psychiatric Association，2013）や国際疾病分類第11版（ICD-11）（WHO［世界保健機関］，2018）などに示される診断の定義・診断基準や ADOS-2[*1]，Vineland-Ⅱ適応行動尺度[*2]，SP 感覚プロファイル[*3]，ADHD-RS-Ⅳ[*4]，LDI-R[*5] など，様々な発達障害に関するアセスメント

---

[*1]　Autism Diagnostic Observation Schedule Second Edition（エイドス・ツー／自閉症診断観察検査第2版）
[*2]　Vineland Adaptive Behavior Scales, Second Edition（ヴァインランド・ツー／ヴァインランド適応行動尺度第2版）
[*3]　Sensory Profile（SP：エスピー）
[*4]　ADHD-Rating Scale-Ⅳ（エーディーエイチディー・アールエス・フォー／ ADHD 評価スケール）
[*5]　Learning Disabilities Inventory-Revised（エルディーアイ・アール）

テストに示される発達障害の行動を考慮し，それと照らし合わせて子どもの行動特性の評価を行う。例えば，先ほどの担任の不明確な指示に対するパニックも自閉スペクトラム症（以下，ASD）やADHDの障害特性からもたらされた行動ではないか，その他障害に見合った特性はないかを検証する。

　支援の方針は，a）担任やその他の教員へのコンサルテーションとb）他職種との情報共有に分かれる。

　**a）担任等へのコンサルテーション**　現場の教員へのコンサルテーションの際には，上記の巡回相談心理士のアセスメント結果を単に伝えるのみではなく，担任がそれまでの日常の教育の中で行ってきた様々な配慮工夫を丁寧に聞き取りながら心理士の行ったアセスメント結果を説明する。そのうえで担任の配慮・工夫と心理士のアセスメントを統合して支援の課題や仮説を立てる。

　例えば，発達障害児へのアセスメントに基づいて，ASDのこだわりによるパニックなのか，集中力がない，多動などの行動がADHD症状に基づく行動なのかを検討し，障害特性に見合った支援仮説を立てる。担任やスクールカウンセラーや他職種からの聞き取りと照らし合わせ，子どもの行動特徴から発達障害の特徴を検証していく。

　そのうえで，担任に対して，それぞれの障害特性に基づいたエビデンスのある支援を提案する。様々なパニックがASDのこだわり行動から生じていると思われる場合は，こだわりの要因を明らかにし，それを取りのぞくこと，または児の納得のいく説明を丁寧に行うことなどである。落ち着きのなさ，立ち歩きがADHDの特性に由来する可能性があるならば，環境調整や，担任の指示を明確にするなどの教育的対応とともに医療機関の受診なども視野に入れるなどである。この場合も，子どもの課題に沿った特定の教育方法を提示するのみではなく，障害特性に沿ってどのような課題を設定したらよいかについて選択肢を提示するなど，担任の自主性，創意工夫を促すかたちでのコンサルテーションを行う。

　以上のように，日常で観察される様々な行動や聞き取りと巡回相談心理士のアセスメントから何らかの発達障害に関する仮説を立てたうえで，それに基づいた支援課題を設定し，担任の教育上の課題設定についての創意工夫を

促す。この結果を受け，担任が適切な支援の工夫をし，対象児の行動が改善した場合は，この仮説が適切であることが明らかになり，担任の達成感も高まるのである。

　b)　**特別支援教室入室への支援**　対象児の様々な問題行動を発達障害の視点から見て，真に必要な支援を行うには，通常級での支援では不十分な場合がある。担任からの依頼を受けて巡回相談心理士は児の問題行動の中から障害特性を読み取り，通常級の中で対応・支援可能な問題と通常級での支援では不十分なものを見きわめていく。その結果，特別支援教室での支援が必要な児に対しては，保護者や本人，関係者の意向を十分把握したうえで，特別支援教室での支援が必要であることを，担任，および関係者に助言していく。

**【巡回相談心理士の通常級の発達障害児支援の流れ（特別支援教室入室後）】（図 12-2）**

　対象児の特別支援教室入室後は，巡回相談心理士には特別支援教室入室前と異なる支援が求められる。担任・巡回指導教員等の依頼を受け（Ⅰ），通常級や特別支援教室で行動観察を行い（①），同時に入室時に区市の教育委員会の心理士が実施した WISC-Ⅳ等の検査結果や担任等の教員・コーディネーター・他職種からの聞き取りを参照し（②③），障害特性のさらなる明確化を行い（④），より細かい支援の方針を作成する（Ⅱ）。その結果を担任や巡回指導教員に助言し（⑤⑥），その他の関連職と情報共有する（⑦）。

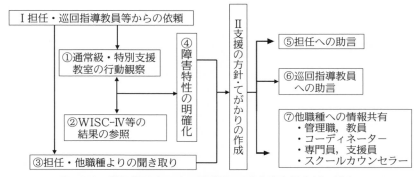

図 12-2　巡回相談心理士の通常級の発達障害児支援の流れ
（特別支援教室入室後）

　**心理検査（WISC 知能検査等）との関連性**　障害特性の視点に基づく日常
行動の理解に加えて，対象児の心理検査の結果は，その児の知的な認知の側
面の理解につながる。対象児の障害特性を知能検査の結果と合わせて明らか
にすること，その結果から引き出された見解から，対象児の発達障害の特性
と知的な認知に見合った支援の方針を作成する。例えば，WISC 知能検査
の下位検査のばらつきにどのような特徴があるのか，それがどのような日常
行動の特徴と関連するかを考えて支援の仮説を立てる。

　特別支援教室での支援が始まり，その効果が表れ，通常級の中での不適応
行動が減少した場合は，特別支援教室の在籍は不要となり退室の手続きが開
始される。東京都は令和 4（2022）年より，特別支援教室の退室を 1 年単
位で検討することとした（東京都教育委員会，2021b）。行われた支援の効
果が十分でない場合には退室に至らないこともある。このように，特別支援
教室は，入室したら継続的に利用とするのではなく，退室の基準を常に明確
にして支援を行う必要がある。

## （3）関係者との連携，個人情報の保護，その他の支援の連携

　小・中学校においては，巡回相談心理士以外に，同じく心理士としてのス
クールカウンセラーのほかに，支援を行う学校関係者として，教員，特別支
援教育コーディネーター，特別支援教室巡回教員，特別支援教室専門員，管
理職（校長，副校長）などがある。以下にそれぞれの職種の活動と心理職の
役割についてのべる。

①スクールカウンセラー：基本的にはすべての児童生徒や保護者の相談に
　のる活動を行っており，主に不登校，いじめ，緘黙などへの支援を行っ
　ている。さらに近年は発達障害の支援にも有用な役割を果たしている。
　実際の学校の現場でも発達障害児のプレイセラピーやカウンセリングに
　よる支援を行っている。ASD や ADHD などの発達障害児への支援と
　不登校，いじめ，緘黙などの課題のある児童生徒への支援は実際の学校
　現場では切り離すことができない。したがって，巡回相談心理士とス
　クールカウンセラーが適切な役割分担をしたうえで有機的に連携するこ
　とが重要である。

②特別支援教育コーディネーター：学校内外の関係者の間をつなぐ役割を

している。特別支援教育システムが開始された当初は，その役割の明確化や校内の関係者への周知が不十分であった。近年は校内外の必要な役割を果たし，通常級の担任，管理職を含む関係者の信頼を得ている。発達障害児の問題把握（学級での行動観察に基づいて対象児の問題を把握する），支援の流れに乗せる手続き（担任の対象児の保護者への説明に同席するなど），担任と特別支援教室巡回教員とのコミュニケーションの支援など積極的に行ってる。

③管理職：校長，副校長の管理職の実際的役割が現在ほど求められている時期はないのではないだろうか。発達障害児に対する支援の学校内のシステムを作成，主導する校長の役割はもちろん，実際に起こった問題への対応，また対策を検討・実施する副校長の役割は膨大なものがある。例えば，不安定になりパニックを起こした ASD の児を安全な場所に移し，児が安定的に過ごせる場所を指定し，その場所で児の把握を行う校内の体制を作成するのも副校長の役割である。巡回相談心理士は，このような際に ASD 児の障害特性と安定する要因，不安定になる要因を助言する。

④特別支援教室巡回教員：入室してきた発達障害児に対して適切な個別・小集団指導を行う。この際に重要なことは，支援課題が適切かを通常級での課題に基づいて考えること（そのためには通常級担任との連携が必須），発達障害支援の支援プログラム（SST[*6]，CBT[*7]，アンガーマネージメントなど）について基本を理解していること，特別支援教室の退室の選択においても通常級の適応状態を見て判断することなどが求められる。巡回相談心理士は，特別支援教室と通常級両方の行動観察に基づいて両者の橋渡しをするとともに，対象児の特性に合わせた適切なプログラム選択を支援する。

⑤特別支援教室専門員：巡回教員の指示で教材を用意したり，授業中に対象児への声かけをするなど，実際の学校生活を支援する上で重要な役割

---

[*6]　Social Skills Training（ソーシャルスキルトレーニング）
[*7]　Cognitive Behavioral Therapy（認知行動療法）

を果たしている。

## Ⅲ．今後の課題

巡回相談の現場における課題を以下に挙げる。

### （1）日常の行動観察や臨床心理検査結果を読み取り，支援と結び付ける能力の形成

巡回相談心理士は実際には知能検査などの心理検査を行うことは少ない。しかし，その結果を読み取り，行動観察や聞き取りから得られた情報と照らし合わせて支援の方法を助言することが求められている。日常生活で起こる様々な対象児の行動について，発達心理学などの専門知識に基づき，正確で妥当性のある仮説を立て検証していく必要がある。どのように有効な助言もその根拠を明確にすることは重要である。そのために巡回相談心理士には，発達障害の特徴，心理検査や発達障害の支援方法に関する知識の修得と臨床場面での実践的学びが必須である。

### （2）学校現場で活動する心理士間の連携と協働

学童期の学校現場で活動する心理士には，入学する学校を決定する資料等を作成する心理判定員，学校現場において様々な保護者や児童からの相談を受けるスクールカウンセラー，発達障害児への支援を通常級・通級（特別支援教室）の教員に助言する巡回相談心理士などがある。これらの心理士は，役割が異なるが様々な児童や保護者の支援において心理的背景の理解や対応の手段には独自の知見と実績を持っている。心理士はそれぞれの現場での役割を果たすと同時に連携することが重要である。

### （3）通常級の知的障害児への支援

通常級では特別支援教室などの支援システムによって支援は充実してきたが，反対に特別支援教室判定時の知能検査などで特別支援教室でなく特別支援学級が適切な知的障害が明らかになったにもかかわらず，家族の希望で通常級に在籍している子どもがいる。このような場合，子どもに合わせたより適切な支援が必要である。実際にはこうした場合，明確な支援や保護者への説明も十分でないことが多い。心理士として，今後はこうした児への支援も

行っていく必要があるだろう。

**【引用文献】**

American Psychiatric Association (2013) *Diagnostic and Statistical Manual of Mental Disorders Fifth Edition (DSM-5)*.［日本精神神経学会（日本語版用語監修），高橋三郎・大野　裕（監訳）（2014）DSM-5 精神疾患の診断・統計マニュアル. 医学書院.］

厚生労働省（1973）療育手帳制度について（厚生省発児第 156 号厚生事務次官通知）.

文部科学省（2019）日本の特別支援教育の状況について. https://www.mext.go.jp/kaigisiryo/2019/09/__icsFiles/afieldfile/2019/09/24/1421554_3_1.pdf（2022 年 9 月 9 日閲覧）

東京都教育委員会（2021a）特別支援教室の運営ガイドライン. https://www.kyoiku.metro.tokyo.lg.jp/school/primary_and_junior_high/special_class/guideline.html（2022 年 9 月 9 日閲覧）

東京都教育委員会（2021b）特別支援学級・通級による指導教育課程編成の手引き. https://www.kyoiku.metro.tokyo.lg.jp/school/document/special_needs_education/teaching_program.html（2022 年 9 月 9 日閲覧）

World Health Organization（WHO）(2018) 国際疾病分類の第 11 回改訂版（ICD-11）https://icd.who.int/（2022 年 9 月 9 日閲覧）

# 13章 医師・看護師をはじめとする多職種協働での活用

### 医療場面

花村温子・淵上奈緒子

## Ⅰ．多職種チームにおける心理職と心理アセスメント

　医療におけるクライエントの支援は，主治医の指示の下，多職種連携，チーム医療により行われる。支援にあたっては，アセスメントが重要な役割を果たし，そこに心理士も関与する。

　心理的アセスメントとは，面接や観察を通し，ときには心理検査を用いて，クライエントについての情報を収集し分析し，その結果を統合してクライエントへの適切な介入や支援を構築するための過程と考えてよいだろう。クライエントがよりよく生きていくための支援を考えていくうえでは，心理検査で得られた結果だけでなく，そのクライエントを取り巻く環境なども含めた包括的なアセスメントが必要とされる。そして，そのアセスメント結果は，医療者側，支援者側が参考にするためだけのものではなく，クライエントに役立つかたちで還元されなくてはいけない。多職種チームで関わるときに，心理検査の結果をどのように伝え，活かしていくのかについて述べる。

## Ⅱ．多職種チームでの支援に心理アセスメントを活かすには

### 1．院内での多職種連携における心理アセスメントの活用

　ここでは，まず架空の事例をあげて支援の実際を説明する。

　血糖コントロールが悪く，入院になった40代女性のAさんは，治療のため入院しているにもかかわらず，院内の売店でお菓子を買い勝手に食べてしまう行動があり，たびたび注意されていたが行動が改善しなかったため，看護師は対応に苦慮していた。また，入院前から，管理栄養士による栄養指

導が行われていたが，食事療法の大切さについての理解が進まず，糖尿病が悪化して入院となったとのことだった。内科主治医から精神科にコンサルテーションの依頼が入り，精神科医が診察の結果，知的障害を疑い，心理士による心理検査も行うことになった。心理検査依頼を受け，まず心理士は精神科医に，どのような観点から知的障害を疑ったのか聞いてみたところ，診察時も会話が要領を得ず，今までのことを聞いても「わからない」という返答が多く，ずっと不登校で，仕事をしたこともないといった情報から知的障害を疑っているとのことであった。心理検査前に病棟看護師に A さんの様子を聞くと，「いつもニコニコして，はいと返事はするのだが，どうも理解していない雰囲気」とのことであった。

　心理士が病室に A さんを訪ねると，ベッドサイドやベッド上は乱雑にものが置かれており，服装に無頓着な様子なども見受けられた。別室に移り，「現在の A さんの状態をよく理解し，今後の生活に役立てるために検査を行います」と説明し，WAIS-Ⅳの検査を始めたが，検査で聞かれている内容とはだいぶ違う方向の返答がしばしば見られた。SCT はほぼ平仮名で，送り仮名の間違いの多い，短い文章のみが書かれ，バウムテストでは電柱のような形に丸がいくつかぶら下がっているものを描いて「木です」と述べた。検査のときに，不登校になったきっかけや今までの暮らしなどを心理士からたずねたところ，「運動も勉強もできず，学校でいじめられた」「アルバイトを少ししたことがあるが，怒られてばかりだった」とのことであった。「お菓子を食べてしまう」ことについて問うと「おなかが空いてしまうから」と答えたため，「A さんの病気は食事バランスをコントロールする必要があり，病院の食事以外のものを食べては治療上よくないはず」と伝えたところ，A さんは「そうなんですか？　なんでいつも怒られるんだろうと思ってました」とのことであった。やはり，なぜ自分が入院したかの理解が乏しい様子であった。心理検査時に本人が語った内容については，速やかに病棟スタッフと共有した。

　WAIS-Ⅳの結果，軽度知的障害レベル（全検査 IQ63）であり，さらに能力バランスの悪さ，特に聴覚刺激からの記憶が弱いことが明らかになった。

　A さんの今後の支援について，多職種カンファレンスが開催された。A

さんは，高齢の母親と2人暮らしで母親の支援により何とか生活を維持していたが，母親の認知機能の低下に伴い，通院も不定期になって，今回入院治療が必要な状態になったようであった。心理士は今後の支援を考えるうえでAさんの「軽度知的障害」の理解を共有するため，カンファレンス時にローデータを用意し，描画や，WAIS-Ⅳでは検査用紙上の折れ線グラフ，SCTで何が書かれているかについてなどを説明した。また，WAIS-Ⅳではすべて平均値を下回るものの，言語表現が本人の中では一番の得意分野で，聴覚刺激からの記憶力が弱めであるという結果であったため，「耳から聞いた内容が記憶に定着しにくいタイプである」「長い文章で語りかけると，ますます理解が難しい」「得意分野と不得意分野に差があるタイプで，一見疎通よく理解しているように見えてもそうではない」「図やイラストなどを用いて説明するほうが理解しやすい」といったことを説明した。Aさんは普通に会話もでき，いつも笑顔でいるため，知的障害を有しているように見えにくかったこともあり，看護師も管理栄養士も，「なぜ伝わらないのだろう」と思うにとどまっていたものと思われた。

　Aさんに対する今後の支援は，「言葉で伝えるときは短くわかりやすく」「イラストや箇条書きで書いたものを活用」といった工夫をしながら行い，理解しているかを確かめながら進めていくことが多職種スタッフ間で共有された。Aさんが退院するにあたっては，福祉サービスの導入が検討されることになり，母親の支援も地域包括支援センターとの連携などから行っていくこととなった。

　以下，この架空症例から，心理検査結果を用いた連携において気をつけるべきポイントについて述べる。

## （1）心理アセスメントの結果をわかりやすく伝える工夫を行う

　多職種に心理アセスメント結果を伝えるにあたっては，心理学用語や精神医学用語を避け，医療者全般にわかるようなものを心掛ける。院内連携にとどまらず，院外の多職種が参照する可能性も考え，さらには，クライエント本人，家族にも伝えられる可能性を考えて報告書を作成する。クライエント用の別紙を作成して渡すことを考えてもよいだろう。

　カンファレンスなど，口頭で説明する機会があるときは，心理検査の場で

クライエント本人が書き込んだものなど，見てわかりやすい資料をカンファレンスの場限定で回覧するなどの工夫を心掛ける。

　また，単に心理検査結果報告書を載せるという観点ではなく，心理士がどのような関わりをしたかを多職種に理解してもらえるような記載を行う。「心理士がどういった経緯で関わることになり，どう説明したのか，本人の同意は得られたのか，その中でどう関わっていく計画なのか」「それをどう実行したか」をわかりやすく記載する。

### （2）相手の知りたいことは何かをとらえて伝える

　心理検査を行うにあたっては，心理検査を依頼した担当医師や，そのクライエントをよく知る専門職がその患者をどうとらえていて，何を知りたいと思っているのかをまず「アセスメント」し，そのうえでどの心理検査を実施して，どのように結果を伝えるとよいのかについて考える。結果を伝えるにあたっては，その職種が何を知りたがっているか，何に困っているか，その困りごとを解決するにはどうしたらよいのか，といったことに沿って伝え方を工夫する。Aさんの例では，心理検査の結果から「長いフレーズで話しかけると覚えていられないほうだ」と医療者側が理解して関わりを工夫していくことの提案をする。今までは「こちらが一生懸命説明しているのに伝わらない」という徒労感に医療者が苛まれていたと思われるので，その点をねぎらうことも必要であろう。さらにその対応方法として「短いフレーズでわかりやすく伝える」「イラストを活用する」といった具体的な方法を示すとよいだろう。伝える相手がスタッフの場合も，クライエントの場合も，結果の説明を聞いてどう感じたかをきちんと聞いて，理解につながったかを確かめる必要もある。

### （3）検査で得られた数値の意味を伝え，さらに数値から見えないところをきちんと伝える

　普段，精神科患者に接しないスタッフからすると，知的障害というと，幼少期からその障害が明らかで，特別支援学校に通うなどしている人を想像している場合が多く，境界知能や軽度知的障害（その中にも幅があること）はどのような人々を指すのか理解されにくい場合もある。また，IQが制限されている人でも，コミュニケーションが良好な人もいるが，そのあたりも理

解されにくい場合がある。心理検査で現れる数値のみが独り歩きしないよう，心理士が結果の意味することの説明をきちんとして，周囲の支援者に理解を深めてもらう必要がある。

　パーソナリティが人懐こくて素直である，優しく穏やかな雰囲気であるなど，検査の数値外の面接などから得られた情報も，検査結果の数値の独り歩きを防ぐうえで，また支援を行っていくうえで重要な情報となるため，きちんと記載し，伝える必要がある。

## （4）アセスメント結果から得られた支援を実施し経過を見守る

　検査結果を支援に活かし，その後，そのクライエントがどう変化していくのか，スタッフの関わりがどう変化していくのか，ともに支援チームの一員として見守り，支援がうまくいかないときは，検査結果を見直し，支援の在り方を考える。クライエント本人にも，「検査を行ったら，このような結果でした。それを踏まえて，このような支援を考えていきます」という説明を行うが，その説明も，クライエントの自己理解，治療意欲の向上につなげるために，そのクライエントが理解しやすいような具体例を用いて伝えていく。抽象的な説明では理解しきれないクライエントが多いことも事実であるし，実際に支援が始まって自分自身がどう変化しているかは，クライエント本人にたずねていく必要があるだろう。心理検査結果は，固定的・永続的であるという印象を持たれがちだが（津川，2020），病状や体調によって容易に変化することも理解し，必要に応じて再検査などの実施も考えて関わることが求められる。

## （5）結果を誰もが参照しやすいよう工夫する

　結果をカルテ上に残す場合，誰もが参照しやすいように，どこに記載があるのかがわかるようにする工夫が求められる。今後の支援方針の決定に活かすためにも結果は迅速に記載し，口頭でも主要スタッフに概要を伝える。スタッフ間の申し送りをお願いし，電子カルテ上のメモや付箋を活用するなど，その施設に応じた伝達の工夫を行う。

## （6）クライエントも医療チームの一員となるためのアセスメントになっているかを考える

　医療者が知りたいことだけをつかむアセスメントになっていないかを常に

振り返る。クライエントへのフィードバックでは，何をより強調して伝えるか，医師と相談し，より本人の今後の生活に役立てられるような伝え方の工夫を行う。

　そして，クライエントにとっては，「アセスメントが実りある経験となり，患者や患者の生活に関係ある人たち（家族，治療者，雇用者など）に肯定的な変化を生み出す一助となる」「治療的アセスメント」である必要があるだろう（Finn, 2007）。心理アセスメントにより，クライエントが自らの課題を含む自己理解を深め，チーム医療の一員として多職種の力を借りながら自分の力で課題に取り組んでいくきっかけとなるような体験であってほしい。

## 2. 多機関連携における心理アセスメントの活用

　ここまでに述べたように，保健医療分野では従来，多職種によるチーム医療が行われてきた。

　2017 年に施行された公認心理師法（以下，法）第 42 条第 1 項では「公認心理師は，その業務を行うに当たっては，その担当する者に対し，保健医療，福祉，教育等が密接な連携の下で総合的かつ適切に提供されるよう，これらを提供する者その他の関係者等との連携を保たなければならない」と定められている。ここでいう〝連携〟とは医療機関内での多職種連携はもちろんのこと，院外・他機関，多領域での連携にも取り組む必要性について言及がなされている。

　地域包括ケアが目指されている今日において心理士が多職種・多機関連携の実践に取り組む中で，心理アセスメントに対する他職種・他機関からのニーズも，今後ますます高まっていくものと思われる。そこで，ここからは多機関連携における心理アセスメントの活用と，そこでの工夫や留意点について解説していく。

### (1) 多機関連携における情報提供についての説明と同意

　多機関連携における心理アセスメントの活用例としてイメージしやすいのは，心理検査結果や所見を他機関へ情報提供したり，地域の関係機関と開催するケースカンファレンスなどで情報共有を行うような場面であろう。

　その際，はじめに確認しなければならないことは「心理検査の実施や情報

提供の依頼（起点）は誰（どこ）からなのか」，そして特に留意する必要があるのは「クライエント本人は，それに同意しているのか」である。

　言うまでもなく心理検査の結果はクライエント自身のものであり，それを本人の了解を得ずに第三者や外部機関に提供することは原則あってはならない。公認心理師であれば秘密保持義務（法第41条）を負うと同時に，所属する医療機関としても個人情報保護の義務がある。さらに法的義務だけではなく，クライエントとの治療関係において守るべき職業倫理の観点からも，情報提供についての説明と同意（インフォームドコンセント）は欠かせない。関係者のニーズだけが先行してしまわないように，十分に気をつけていく必要がある。

　そのため，まず心理士が所属する医療機関のほうから情報提供を提案したい場合は，クライエントに対して主治医もしくは心理士がその目的や理由などについて説明し，そして同意の確認を取ることになる。他機関からの要請である場合も基本的には同様のプロセスを経ることになるが，もし他機関もすでにクライエントと支援関係にある場合などは，必要に応じて他機関の支援者側から先に説明と同意のプロセスを踏んでもらうよう，情報提供を行う医療機関として依頼すべき場合もあるだろう。

## （2）いわゆる守秘義務と連携に関わる関連法規

　前項で述べたような説明と同意のプロセスを経ることが，必ずしも容易ではないケースもある。例えば，医療機関において発達障害が疑われる子どもの心理検査を行ったが，その子どもに対して家庭で虐待が行われていることが判明し，児童相談所をはじめとした地域の関係機関による介入や支援が検討されているケースを想定してみる。

　この際，まず心理士をはじめとした医療機関のスタッフが虐待を疑った場合には，児童虐待防止法（第6条第3項）に基づく通告義務があるため，したがって医療機関として負う個人情報保護義務，そして公認心理師の秘密保持義務にも抵触はしない。

　また，このケースに対して行われる要保護児童対策地域協議会（要対協／児童福祉法第25条第2項）に心理士が出席する場合に，心理検査結果をはじめとした心理アセスメントの情報提供を行うことについて保護者の同意が

得られていないとしても，やはり公認心理師としての信用失墜行為（法第40条）にはあたらない。

このように多機関連携を行ううえでは，所属する医療機関として守るべき各種法律をはじめ，連携にまつわる関係法規を十分に理解しておく必要がある。ただし，たとえ法的に問題がないとして，そして情報提供を開始する段階でクライエントやその家族の同意が得られなかったにしても，それを理由に以後も同意を得る働きかけを行わないでよいわけではない。ともすると情報提供や連携を行ったことによって関係者は役割を果たしたような心持ちに陥りやすいが，それだけでは情報提供や連携は形式的なものにしかならなかったり，もしくは責任が分散した状態になりかねない。

介入や支援の経過の中で連携する関係機関と共に，「説明と同意」の機会が持てる可能性を探り続けていく中で，心理士としてもそのタイミング，そして伝え方などについてのアセスメントも継続していくことこそ，真の意味での情報提供や連携の役割を果たすことになるのではないかと考える。

### （3）情報提供内容の検討

ここからは心理アセスメントの情報提供内容を具体的に定めていく段階について考えていく。

まずは依頼や連携のニーズに応えていくために必要となる情報の整理・精査を，医師をはじめとした院内の担当スタッフと検討していく。その際に留意すべきは情報提供先，もしくはカンファレンスの出席者が，どのような職種でクライエントとはどういった関係性にある立場なのか，そしてどのくらい心理検査の結果やデータなどの取り扱いを熟知しているか，という点である。

これは院内連携における活用の説明でもすでに取り上げたポイントと重なることだが，さらに院外・他職種となると，より日常的な言葉を用いる必要がある。また取り上げる内容そのものについても，場合によっては慎重さが求められることもあろう。そして内容は院内での報告書作成と同じく，やはり基本的には，もしも関係者からクライエント本人や家族に伝わっても差し障りのない内容であるのがよい。そのため，可能であればクライエント，必要に応じては家族にも，事前に情報提供内容を確認してもらうことができる

のが一番望ましいだろう。

　なぜならば，心理士をはじめとした病院スタッフは，その連携先と常に一緒にクライエントを支援できるわけではない。他方で情報提供やカンファレンスの後，クライエント自身は連携先のスタッフと一緒に課題に取り組んだり，生活を共にしていくことになる。そのため，心理士をはじめとした病院スタッフ抜きでも〝取扱い可能〟なかたちで心理アセスメントを提供・共有できることが大切である。

## Ⅲ．今後の展望と期待

### 1．さらなる協働が必要となる困難な課題に対して

　今日，私たちが出会うクライエントの抱える課題や，その背景にある地域社会問題は複雑かつ多重であるケースが増えてきている。いわゆる〝8050問題〟も，そのひとつであろう。例えば，高齢の親の認知症の発症をきっかけに，同居する子どもの生活も立ち行かなくなり，そこで初めて子どもに疾患や障害があることが明らかになるようなケースである。

　医療機関やそこで働く心理士としては，親の認知症の診断・治療に携わることから始まったが，さらに地域包括支援センターから，その子どもについての相談が持ち込まれ……というような連携・協働場面になろうか。

　このとき，もちろん子どもも続いて受診に至ることができればよいのだが，しかしそこがスムーズにはいかない可能性が高い状況とも思われる。そこで次に検討される手段がアウトリーチである。ここに直接，心理士が参画するアプローチもあれば，関係者会議に出席して〝後方支援的〟に関わる方法もあろう。

　いずれにせよ病院で心理検査を実施するのに比しては，様々な面で構造化されていない中で心理アセスメントを行っていくことになる。そのうえでは他職種からの情報提供の活用や多職種との協業をより積極的に図っていくことが欠かせない。そして心理士としては，よりダイナミックなアセスメントや，あるいはサリバン（Sullivan, 1970）のいう「関与しながらの観察」が必要となるだろう。

　ここでは未治療・未診断のケースで例を示したが，そのような状況に限らず，様々な困難事例に多職種協働・多機関連携で臨む際には共通して求められる姿勢であり，今後，心理士がコミュニティにおいて取り組むべき課題であると考えられる。

## 2．多分野で働く心理職同士の連携・協働に向けて

　心理職は，保健医療分野のみならず分野横断的に働く職種である。各分野の心理士がこれまで以上に連携の役割を担えるようになり，そして心理士同士がいっそう協働できるようになれば，そこにおいて活用できる心理アセスメントは，質・量ともにより豊かになっていくはずである。それがクライエントを支える周囲の関係者の治療・支援に活かされ，何よりクライエントに〝役立つ〟ものとなるよう，私たちは常に心理アセスメントをはじめとした専門職としての技能の研鑽に努めるとともに，それを発信・共有するスキルの向上も目指していきたいものである。

【引用文献】

Finn, S. E. (2007) *In our clients' shoes: Theory and technique of therapeutic assessment.* Lawrence Erlbaum Associates.［野田昌道・中村紀子（訳）(2014) 治療的アセスメントの理論と実践——クライアントの靴を履いて．金剛出版．］

Sullivan, H. S. (1954) *The psychiatric interview.* W. W. Norton & CO. Inc.［中井久夫・松川周二・秋山　剛・宮崎隆吉・野口昌也・山口直彦（共訳）(1986) 精神医学的面接．みすず書房．］

津川律子 (2020) 改訂増補 精神科臨床における心理アセスメント入門．金剛出版．

# 臨床心理検査にまつわる法令と倫理

津川律子

## Ⅰ. 日本の法令における「心理検査」

　心理検査について書かれている日本の法令はあるのだろうか。

　法律では，「少年鑑別所法」第16条「鑑別の実施」の3項において，「～（前略）必要と認めるときは，鑑別対象者又はその保護者その他参考人との面接，心理検査その他の検査，前条の規定による照会その他相当と認める方法により行うものとする」と書かれている。つまり，法務技官（心理）が鑑別業務において必要と認めるときに心理検査を実施することは，法律によって認められた行為となっている。

　省令では2つある。ひとつは「児童福祉施設の設備及び運営に関する基準」第72条「設備の基準」である。「児童心理治療施設の設備の基準は，次のとおりとする」とあり，「一　児童の居室，医務室，静養室，遊戯室，観察室，心理検査室，相談室，工作室，調理室，浴室及び便所を設けること」とある。児童心理治療施設に心理検査室を設けることが書かれているということは，セラピスト（心理療法士）が業務として心理検査を行うことが前提になっているものと考えられる。

　また，「厚生労働省組織規則」第678条「リハビリテーション部の所掌事務」において，「リハビリテーション部は，病院の所掌事務のうち，次に掲げる事務をつかさどる」とあり，「一　理学療法，作業療法，運動療法，言語聴覚療法及び視能訓練による患者のリハビリテーションを行うこと。二　心理検査及び心理療法並びに義肢装具の適合訓練を行うこと」とある。ここは，「第九款　国立障害者リハビリテーションセンター」に関する部分であり，第675条で「病院に置く部等」があり，「病院に，次の五部，薬剤科，看護部及び障害者健康増進・運動医科学支援センターを置く。第一診療部，

第二診療部，第三診療部，リハビリテーション部，臨床研究開発部」とある。つまり，国立障害者リハビリテーションセンター病院のリハビリテーション部に勤務する心理療法士が行う業務として，心理検査だけでなく，心理療法も書かれていることになる。

ところで，本稿執筆現在，上記の３つしか検索できない。もちろん，法律関係は莫大にあるので，筆者の取りこぼしがあるかもしれない。しかし，ずいぶん少ないと感じるであろう。何より肝心な「公認心理師法」ではどうなっているのであろうか。

## Ⅱ．公認心理師法における「心理検査」

公認心理師法に心理検査という文字はない。しかし，第２条「定義」において，「一　心理に関する支援を要する者の心理状態を観察し，その結果を分析すること」とある。「業務の第一は要心理支援者の心理状態を観察してその結果を分析することである。これは従前いわれてきた心理的アセスメントに近い」（一般財団法人 日本心理研修センター，2019）と考えられている。また，省令である「公認心理師法施行規則」で，大学において必要な

**表 a 「心理状態の観察及び結果の分析」の到達目標**

14-1. 心理的アセスメントに有用な情報（生育歴や家族の状況等）及びその把握の手法等について概説できる。

14-2. 心理に関する支援を要する者等に対して，関与しながらの観察について，その内容を概説することができ，行うことができる。

14-3. 心理検査の種類，成り立ち，特徴，意義及び限界について概説できる。

14-4. 心理検査の適応及び実施方法について説明でき，正しく実施し，検査結果を解釈することができる。

14-5. 生育歴等の情報，行動観察及び心理検査の結果等を統合させ，包括的に解釈を行うことができる。

14-6. 適切に記録，報告，振り返り等を行うことができる。

科目として「心理的アセスメント」が，大学院において必要な科目として「心理的アセスメントに関する理論と実践」が指定されている。そして，公認心理師カリキュラム等検討会（2017）が示している公認心理師のカリキュラムの「到達目標」は表 a のとおりである。ここでは心理検査という言葉が 3 カ所出てくる。

## Ⅲ．診療報酬点数における「臨床心理・神経心理検査」

　診療報酬点数には「臨床心理・神経心理検査」が明記されている。心理検査全体を「D283 発達及び知能検査」「D284 人格検査」「D285 認知機能検査その他の心理検査」という 3 つの分類にして，それぞれに「1　操作が容易なもの」（80 点），「2　操作が複雑なもの」（280 点），「3　操作と処理が極めて困難なもの」（450 点）をおき，3×3 で 9 通りの分類になり，その中にたくさんの心理検査が対象として挙げられている。2 年ごとの改定において，増え続けている。つまり，日本の医療分野において臨床心理検査が行われるのは，現実には当然のこととなっている。

## Ⅳ．APA の倫理コードにおける「アセスメント」

　American Psychological Association（APA）の倫理コードでは，Section9 "Assessment" があり，その中でコード 9.01 から 9.11 まで 11 点の倫理が指摘されている。APA のホームページで誰でも読むことができるが，ここでは紙面の関係でその詳細は割愛する。

## Ⅴ．日本の倫理綱領における「査定」や「心理検査」

　日本の心理学ワールドで最大人数を有する日本心理臨床学会では，倫理綱領第 3 条で次のように定めている。「会員は，対象者の人権に留意し，査定を強制し，若しくはその技法をみだりに使用し，又はその査定結果が誤用され，若しくは悪用されないように配慮を怠ってはならない」。「2　会員は，

査定技法の開発，出版又は利用に際し，その用具や説明書等をみだりに頒布することを慎まなければならない。また，心理検査や査定に関する不適切な出版物や情報によって，査定技法やその結果が誤用・悪用されることがないよう注意しなければならない」（一般社団法人 日本心理臨床学会，2016a）。

　加えて，倫理基準第3条「会員は，臨床業務の中で心理検査等の査定技法を用いる場合には，その目的と利用の仕方について，対象者に分かる言葉で十分に説明し，同意を得なければならない。〜（後略）」。

　「2　会員は，査定技法が対象者の心身に著しく負担をかけるおそれがある場合，又はその査定情報が対象者の援助に直接に結びつかないとみなされる場合には，その実施は差し控えなければならない」。

　「3　会員は，依頼者又は対象者自身から査定結果に関する情報を求められた場合には，情報を伝達することが対象者の福祉に役立つよう，受取り手にふさわしい用語と形式で答えなければならない。測定値，スコア・パターン等を伝える場合も同様である」。

　「4　会員は，臨床査定に用いられる心理検査の普及又は出版に際しては，その検査を適切に活用できるための基礎並びに専門的知識及び技能を有しない者が入手，又は実施することのないよう，その頒布の方法については十分に慎重でなければならない」。

　また，倫理基準第7条では「3　会員は，心理学の一般的知識を教授するために使われる入門レベルの教科書若しくは解説書又は一般図書等において，心理検査に用いられる刺激素材の複製又はその一部をそのまま提示し，又は回答・反応に関する示唆に類するものを公開して，現存する心理学的査定技法の価値を損じないよう注意しなければならない」とある（一般社団法人 日本心理臨床学会，2016b）。

　このように，心理検査を含めた心理査定の倫理のポイントは多岐にわたることがうかがえる。表現が雑駁になるが，わかりやすく整理すると次のようになる。

〈日本心理臨床学会〉

1. 強制しない。
2. 心理査定の技法や結果が誤用・悪用されないようにする。
3. 用具や説明書等をみだりに頒布しない。また，刺激素材や回答等を公開しない。
4. 十分な説明と同意を行う（いわゆるインフォームド・コンセント）。
5. 心身に著しい負担をかける場合や，査定が対象者の援助に直接に結びつかない場合は，実施しない。
6. 対象者の福祉に役立つよう，査定結果は受け取る側に合った用語などで伝える。

## VI. おわりに

　普段，個人で調べることがあまりないと思われる，心理検査に関する法令や倫理についてまとめた。法令に心理検査が明記されるということは，心理検査業務が社会の中で認められている証左とも考えられるため，今後も増えることが期待される。

　ところで，法令や倫理という用語は，堅い雰囲気を醸し出し，柔らかな臨床実践には不釣り合いにも感じられる。また，いわゆるルールは，自分を縛る不自由なものと感じることもあるであろう。しかし，「倫理綱領や倫理基準といったものは，やっかいな縛りごとではない」（津川，2011）。本質的には対人援助職の根幹にかかわる事項であり，「倫理は対象者や周囲の人々を守り，専門職である自分自身を守り，そして創造的でダイナミックな専門活動（心理検査も含まれる）を社会のなかで行うことを支えるものともいえる。心理検査は何のためにあるのかといえば，対象者に寄与するためにある。倫理綱領の細かな条文の前に，このことがエシックスの基本としてあることを認識したい」（津川，2022）。

　加えて，他の章でもふれられると思うが，臨床心理検査は単なるデータ集めの道具ではない。対象者と心理士という二者関係（関係性）を土台として，やりとりされ，そこで得られた知見が適切に共有されることで，対象者（お

および家族・周囲の支援者）にとって心理支援や自己理解を通した成熟に益するための極めて専門的な活動である。心理療法に関してはスーパーヴィジョンや研修を受け続けるが，心理検査は初期教育の受講のみで終わる，などということがないように生涯研鑽を続けたい。

【引用文献】
一般社団法人 日本心理臨床学会（2016）倫理綱領. https://www.ajcp.info/pdf/rules/0501_rules.pdf（2023年1月5日閲覧）
一般社団法人 日本心理臨床学会（2016）倫理基準. https://www.ajcp.info/pdf/rules/0502_rules.pdf（2023年1月5日閲覧）
一般財団法人 日本心理研修センター（2019）公認心理師現任者講習会テキスト［改訂版］, 4.
公認心理師カリキュラム等検討会（2017）「公認心理師カリキュラム等検討会」報告書. https://www.mhlw.go.jp/file/05-Shingikai-12201000-Shakaiengokyoku shougaihokenfukushibu-Kikakuka/0000169346.pdf（2023年1月5日閲覧）
津川律子（2011）心の専門家における倫理. 金子和夫（監修），津川律子・元永拓郎（編）心の専門家が出会う法律——臨床実践のために（新版）. 誠信書房, 190–198.
津川律子（2022）心理検査のエシックス. サトウタツヤ・鈴木朋子（編）ワードマップ心理検査マッピング——全体像をつかみ，臨床に活かす. 新曜社, 240-245.

# おわりに

　2021 年 5 月に津川律子先生から「心理検査の本を一緒に出しましょう」と言われたとき，とても興奮したのを覚えている。心理検査の教科書的な書籍はいくつかあるが，私が専門とする発達障害に関する検査はほとんど取り上げられていない。臨床心理学領域の心理検査に詳しい津川先生と発達領域の心理検査を専門とする私が一緒に本を作れば，今までにない心理学ワールドを網羅するような心理検査の本ができ，また，多くの心理士が手にしてくれるだろうから，「発達障害に関する検査」に市民権が与えられるのではないかと期待に胸が膨らんだ。それからは，津川先生が「はじめに」で書いておられるように怒濤の日々だったが，思い描いたものができあがったと思う。

　さて，本書を読んでいただいての感想はいかがであろうか。本書は一回読むだけではなく，必要になったときに，必要な箇所をぜひ読み返していただきたいと思っている。私は，心理検査は，心のレントゲンのようなものだと思う。ただ観察するだけでは知ることのできないクライエントの様々な側面を 詳 にしてくれ，それを通してクライエントの全体像を正しく理解できるのだと思う。臨床では，いろいろなクライエントに出会うだろう。より客観的にその人の全体像を捉えるために，その人の本当のニーズを知るために，必要な支援を考えるために，どのようにバッテリーを組めばよいのか，どのような実施時の工夫をすればよいのかを，ぜひ本書に立ち戻って確認してもらいたい。本書のどこかに，必ず，あなたとあなたのクライエントやそのご家族の求める答えがあると思う。そして，「これからの現場で役立つ」というタイトルのとおり，本書を通して，より良い心理支援の未来が築かれることを祈ってやまない。

　2023 年 2 月

黒田美保

## 臨床心理検査
# 索　引

## ●編者紹介

### 津川律子（つがわ　りつこ）

専門：臨床心理学・精神保健学（とくに心理アセスメント，抑うつに関する心理カウンセリング，心理支援に関する倫理と制度，精神科臨床における心理学史）

現在：日本大学大学院文学研究科心理学専攻臨床心理学コース教授・専攻主任，日本大学文理学部心理臨床センター長。公認心理師，臨床心理士，精神保健福祉士

日本臨床心理士会会長，日本公認心理師協会副会長，包括システムによる日本ロールシャッハ学会副会長，日本心理臨床学会常任理事，日本精神衛生学会常任理事ほか。

近編著等：『Next 教科書シリーズ　教育相談［第 2 版］』弘文堂（2023 年），『臨床心理学中事典』遠見書房（2022 年），『心理職を目指す大学院生のための精神科実習ガイド』誠信書房（2022 年），『公認心理師のための法律相談 Q&A100』法律文化社（2022 年），『心理療法におけるケース・フォーミュレーション』福村出版（2021 年），『心理学からみたアディクション』朝倉書店（2021 年），『保健医療分野の心理職のための分野別事例集』福村書店（2021 年），『心理臨床における法・倫理・制度：関係行政論』放送大学教育振興会（2021 年），『精神療法トレーニングガイド』日本評論社（2020 年），『ポテンシャル パーソナリティ心理学』サイエンス社（2020 年）ほか，専門論文を含めて多数。

### 黒田美保（くろだ　みほ）

専門：臨床発達心理学（とくに適応行動・発達障害に関する心理検査，幼児への発達的行動介入，発達障害成人への小集団認知行動療法，ペアレント・トレーニング）

現在：田園調布学園大学人間科学部心理学科教授，公認心理師，臨床心理士，臨床発達心理士。ADOS-2，ADI-R 国際トレーナー

日本公認心理師協会常務理事，日本心理臨床学会代議員，日本発達障害ネットワーク代議員ほか。

近編著等：『成人の発達障害の評価と診断：多職種チームで行う診断から支援まで』岩崎学術出版社（2022 年），『発達障害のある人の「ものの見方・考え方」：「コミュニケーション」「感情の理解」「勉強」「仕事」に役立つヒント』ミネルヴァ書房（2021 年），『発達障害支援に生かす適応行動アセスメント』金子書房（2021 年），『10 代のためのソーシャルシンキング・ライフ：場に合った行動の選択とその考え方』金子書房（2020 年），『公認心理師技法ガイド：臨床の場で役立つ実践のすべて』文光堂（2019 年），『公認心理師のための「発達障害」講義』北大路書房（2018 年），『公認心理師のための発達障害入門』金子書房（2018 年），『ADOS-2 日本語版』金子書房（2015 年），『これからの発達障害のアセスメント』金子書房（2015 年），『日本版 Vineland-II 適応行動尺度』日本文化科学社（2014 年）ほか，専門論文を含めて多数。

●執筆者一覧

吉村　聡　　上智大学総合人間科学部心理学科／1章

津川律子　　編　者／2章・補章

大六一志　　フリーランス／2章

清水里美　　平安女学院大学子ども教育学部子ども教育学科／3章

稲田尚子　　大正大学心理社会学部臨床心理学科／4章

梨谷竜也　　社会医療法人ペガサス　馬場記念病院　臨床心理センター／5章

黒田美保　　編　者／6章

藤城有美子　駒沢女子大学人間総合学群心理学類／7章

種市康太郎　桜美林大学リベラルアーツ学群／8章・10章

内田桃人　　株式会社 日本・精神技術研究所／8章

石川佳代子　東京西法務少年支援センター／9章

森　裕幸　　帝京平成大学健康メディカル学部心理学科／11章

三宅篤子　　東京特別支援教育心理研究センター／12章

花村温子　　独立行政法人 地域医療機能推進機構
　　　　　　埼玉メディカルセンター　心理療法室／13章

淵上奈緒子　医療法人社団光生会　平川病院　心理療法科／13章

(所属は 2024 年 1 月現在)

## これからの現場で役立つ臨床心理検査【解説編】

| | |
|---|---|
| 2023 年 2 月 28 日　初版第 1 刷発行 | 〔検印省略〕 |
| 2024 年 1 月 31 日　初版第 3 刷発行 | |

編　者　津 川 律 子
　　　　黒 田 美 保
発行者　金 子 紀 子
発行所　株式会社　金 子 書 房
　　　　〒112-0012　東京都文京区大塚 3-3-7
　　　　TEL　03（3941）0111（代）
　　　　FAX　03（3941）0163
　　　　https://www.kanekoshobo.co.jp
　　　　振替　00180-9-103376
印刷　藤原印刷株式会社　　製本　有限会社井上製本所